Wie mag das sein, wenn man als Mann in die Gefühlswelt der Frauen eintaucht?

Was ist dran an den vielen Klischees und Vorurteilen? Können Männer wirklich nicht zuhören und Frauen schlecht einparken? Worauf achten Männer, wenn sie eine Frau sehen? Wodurch wirkt ein Mann anziehend? Warum fällt es Frauen eher als Männern auf, wenn ihr Partner fremdgeht? Wie sammeln Männer bei Frauen Punkte? Womit können Frauen Männer beeindrucken? Gibt es ein Treue-Gen?

Balian Buschbaum, der die Schule der Frauen achtundzwanzig Jahre lang besuchen durfte, weiß, wie Frauen und Männer wirklich fühlen und was sie unterscheidet.

Balian Buschbaum, 1980 in Ulm geboren, errang im Sport internationale Titel. Als seine zweite Olympiateilnahme bevorstand, entschied er sich, der Mann zu werden, der schon immer in ihm steckte. Er hat diese Entscheidung nie bereut. Im Gegenteil: Sein persönlicher Befreiungsschlag schenkte ihm auch einzigartiges Wissen über die Gefühlswelt sowohl von Frauen als auch von Männern. Heute ist er Buchautor, Mental- und Fitnesscoach. Seine Autobiografie »Blaue Augen bleiben blau« erschien 2010. *www.balian-buschbaum.de*

Weitere Informationen, auch zu E-Book-Ausgaben, finden Sie bei www.fischerverlage.de

Balian Buschbaum

Frauen wollen reden, Männer Sex

Wie verschieden sind wir wirklich,
Herr Buschbaum?

FISCHER Taschenbuch

Erschienen bei FISCHER Taschenbuch
Frankfurt am Main, April 2013

© S. Fischer Verlag GmbH, Frankfurt am Main 2013
Gesamtherstellung: Druckerei C. H. Beck, Nördlingen
Printed in Germany
ISBN 978-3-596-19337-0

Inhalt

Warm-Up (and love) 13

Lieber Balian Buschbaum 21

**Können Frauen schlechter einparken und
Männer wirklich nicht zuhören?**
Typisch Frau – Typisch Mann?
Klischees auf dem Prüfstand

Ist das Leben als Mann einfacher? 23

Ist der kleine Unterschied wirklich so groß? 24

Sind Männer schlauer, weil sie
ein größeres Gehirn haben? 25

Frauen wollen reden, Männer Sex. Stimmt das? . . . 26

Warum schauen Männer immer auf Busen und Po,
wenn sie eine Frau sehen? 28

Wodurch wirkt eine Frau anziehend? 31

Was macht einen Mann attraktiv? 33

Warum verlieben sich gutaussehende Männer
in unauffällige Frauen? 36

Warum gehen Frauen immer gemeinsam
auf die Toilette? 36

Worüber sprechen Frauen
mit ihrer besten Freundin?   38
Können Frauen schlechter einparken als Männer?   44
Warum müssen sich Männer immer beweisen? . . .   45
Warum sind Männer so wehleidig?   46
Warum gehen Männer ungern zum Arzt?   47
Warum möchte Er nicht, dass Sie sein Auto fährt,
und Sie nicht, dass Er den Kinderwagen schiebt? . .   48
Ist Multitasking weiblich?   50
Was muss Sie tun, damit Er wirklich das mitbringt,
was auf dem Einkaufszettel steht?   51
Warum fällt es Ihm nicht auf, wenn Sie
beim Friseur war?   53
Wie steht Er Ihr beim Shoppen hilfreich
zur Seite?   55
Warum freuen sich Männer nicht, wenn Frauen
ihnen Blumen schenken?   57
Warum hören Männer nie richtig zu?   58
Wieso erinnern sich Frauen immer an alles?   60
Sind Konflikte zyklisch?   61
Haben Männer auch ihre Tage?   64
Sind Männer selbstsicherer als Frauen?   67
Machen sich Frauen mehr Gedanken als Männer?   68
Sind Frauen abhängiger als Männer
von der Meinung anderer?   71

Können Männer und Frauen Freunde sein?
Beziehung und Partnerschaft
Warum ziehen sich Männer manchmal
so schnell zurück?   77

Warum Sie Liebesbriefe liebt – und Er
einen Ghostwriter engagiert 80
Was entscheidet über den Erfolg eines ersten Dates? 81
Mit was können Männer bei Frauen punkten? 84
Worüber streiten sich Männer und Frauen
am häufigsten? . . . . , . . . 86
Warum hören wir unserem Partner
nicht richtig zu? 89
Können Männer und Frauen lernen, miteinander
zu reden? 91
Was geschieht, wenn eine Frau ihren Mann
analysiert? 93
Wie analysieren Männer Frauen? 95
Verstehen Frauen ihre Männer besser
als umgekehrt? 96
Warum fällt es Frauen eher als Männern auf,
wenn ihr Partner fremdgeht? 97
Sind Männer und Frauen unterschiedlich
eifersüchtig? 99
Wie schaffe ich es, meine Freiheit und
meinen Partner zu behalten? 100
Wie gehe ich mit Eifersucht um? 101
Treibt nicht zu viel Freiheit den Partner
in andere Arme? 102
Wie macht Er Schluss und wie beendet Sie
die Beziehung? 103
Wieso gibt es so viele On-Off-Beziehungen? 104
Wann ist eine Beziehung an ihrem Ende? 105
Kann man überzeugte Junggesellen zähmen? 105
Können Männer und Frauen Freunde sein? 106

Warum schauen Männer Pornos, und wieso fehlt Frauen die Handlung?

Sex und andere Nebensächlichkeiten

Warum brauchen Frauen beim Sex immer länger als Männer? 110

Ist Sex für Ihn etwas anderes als für Sie? 111

Ist ein großer Penis Garant für guten Sex? 115

Ist Penetration der Weg zum Höhepunkt? 117

Warum kann Sie nicht kommen, wenn das Bett quietscht? 118

Warum gibt es kein Viagra für Frauen? 120

Warum schlafen Männer nach dem Sex immer ein? 123

Warum schauen Männer Pornos, und warum fehlt Frauen dabei die Handlung? 124

Gibt es sauberen Sex? 126

Existiert ein Treue-Gen? 127

Ist Monogamie noch lebbar? 129

Wie schaffe ich es, mit meinem Partner offen über Sex zu sprechen? 131

Beschert uns nur Sex einen Orgasmus? 132

Warum stören wir uns an Beziehungen, die anders sind?

Mann – Frau – Mensch

Ist das Geschlecht eines Menschen wirklich so wichtig? 138

Was entscheidet über das Geschlecht eines Menschen? 139

Was macht eine Frau aus?

Was macht einen Mann aus? 143

Wozu gibt es das männliche und
das weibliche Geschlecht? 145
Was passiert, wenn die geschlechtliche
Eindeutigkeit fehlt? 146
Kennst du Menschen, die sich weder weiblich
noch männlich fühlen? 149
Was ist bei Menschen, die asexuell sind,
falsch gelaufen? 152
Was denkst du über Homosexualität? 153
Wie reagiert die Gesellschaft auf Menschen, die
nicht der sexuellen Norm entsprechen? 154
Wie können wir mit Andersartigkeit umgehen? . . . 155
Wie entsteht Transsexualität? 156
Warum stören wir uns an Beziehungen,
die anders sind? 159

Gibt es den perfekten Menschen?
Unsere persönliche Freiheit liegt
hinter dem gesellschaftlichen Horizont
Rosa für Mädchen, blau für Jungs.
Sind Rollenbilder angeboren? 161
Werden Ängste vererbt? 163
Wie gelingt es mir, die Dinge einfacher
und klarer zu sehen? 166
Eigentlich könnte ich glücklich sein.
Ich habe aber das Gefühl, dass mir etwas fehlt.
Wonach soll ich suchen? 168
Warum passiert ausgerechnet mir das? 172
Warum können wir so schwer im Augenblick leben? 174
Gibt es den perfekten Menschen? 176

Können Menschen dich und deinen Werdegang wirklich verstehen?

Persönliches

Macht es dir nichts aus, dass dein Leben
so öffentlich ist? 181
Woher wusstest du, dass du ein Junge bist? 182
Wie ist es, im falschen Körper geboren worden
zu sein? 184
Wolltest du deine Eierstöcke loswerden? 185
Ist es nicht ein einzigartiges Geschenk, dass du nun
beide Seiten – Mann und Frau – kennst? 185
Streitest du besser mit Frauen als andere Männer? 186
Wie haben die Hormone in dir ihre Wirkung
gezeigt? 187
Auf welche Erfahrung kannst du
in deinem neuen Leben als Mann verzichten? 189
Welchen Stellenwert hat die Natur für dich? 192
Was ist für dich das Schöne am Menschsein? 194
Auf was verlässt du dich, wenn du
Entscheidungen triffst? 195
Wird dein Penis kleiner, wenn du
ins kalte Wasser gehst? 195
Bist du traurig, dass du keine Kinder zeugen
kannst? 196
Wie war dein erstes Mal? 197
Hast du eine Freundin? 208
Können die Menschen dich und deinen Werdegang
wirklich verstehen? 211
Wie reagierst du, wenn dein Weg
nicht akzeptiert wird? 212

Wirst du immer männlicher oder
ist irgendwann Schluss? 213
Lässt du dich leicht vereinnahmen? 214
Welche Träume hast du? 216

Aussichtsreich
Norden: Ein irrsinniger Weg 219
Süden: Eine verspätete Einsicht 225
Osten: Eine Reise zu sich selbst 231
Westen: Ein deutlicher Warnschuss 240
Treffpunkt Mitte: Die Liebe ist in mir 245

Cool down (and love again) 249

Warm-Up (and love)

Ich liebe Männer – auf ihre Art.
Ich liebe Frauen auf eine andere Art.
Ich liebe die Menschen – wie sie sind.

Der Mann spricht zu wenig. Die Frau zu viel. Was er sagt, versteht sie nicht. Wenn sie spricht, schaltet er nach wenigen Augenblicken ab. Er möchte seinen Weg auf der Straße oder im Leben allein und autonom finden. Sie möchte nachfragen, besprechen und sich mitteilen. Er sammelt Autos. Sie liebt Schuhe. Solche klischeehaften Aussagen über Männer und Frauen ließen sich ins Endlose fortschreiben, sind oft schon variiert und wiederholt worden, verlieren aber dadurch anscheinend nichts von ihrer Attraktivität und Aktualität. Und tatsächlich: Erleben wir nicht immer wieder Situationen, in denen der Kampf der Geschlechter sich gerade an solchen scheinbaren Oberflächlichkeiten manifestiert?

Mein spezieller Lebensweg hat mir Einblicke in die Welt der Frauen eröffnet. Weil sich die Natur so spielerisch mit allen Dingen befasst, die sie hervorruft, hat sie mit mir auch keine Ausnahme gemacht. Sie schenkte mir die Aufgabe, als

Mann, ausgestattet mit weiblichen Geschlechtsmerkmalen, mein Studium Frau-Mann-Mensch aufzunehmen. Trotz meiner unglücklichen Lage hatte ich dadurch die einzigartige Möglichkeit, achtundzwanzig Jahre lang in die Welt der Frauen einzutauchen und herausfinden, was diese Geschöpfe wirklich bewegt. An welch spannenden Erfahrungen ich in dieser Zeit teilhaben durfte und was diese Erlebnisse in der weiblichen Welt mit einem Kerl anstellten, möchte ich in diesem Buch beschreiben und dabei die oft zitierten Gegensätzlichkeiten von Frauen und Männern auf ihren Wahrheitsgehalt prüfen.

Grundsätzlich möchten die meisten Männer ausschließlich männlich und Frauen auf ihre Art auch weiblich sein. Zudem wünschen sich die Männer, dass Frauen sie auch als Mann wahrnehmen, und Frauen wollen als Frau ernst genommen werden. Fragt man jedoch nach den Erwartungen an das jeweils andere Geschlecht, wird es komplizierter. Wie oft habe ich Aussagen von Frauen gehört, die sich einen Mann herbeisehnen, der die komplexen weiblichen Gedankengänge nachvollziehen kann, der einfühlsam ist und trotzdem stark und beschützend wirkt. Und auch Männer erhoffen sich eine Frau, die die klare und strukturierte Denkweise des Mannes, die oftmals mit wenigen Worten auskommt, nicht als Beleidigung oder Ignoranz begreift, sondern verstehen lernt, dass für ihn Kommunikation im Sinne von regem Wortaustausch lange nicht so wichtig ist wie seine ganz persönliche Art der Verständigung, nämlich Sex. So verselbständigt sich der Irrgarten unter den Geschlechtern oft von ganz allein. Die Irrtümer führen zu Missverständnissen, Auseinanderset-

14

zungen und bringen die beiden Welten auseinander. Und das, obwohl unser Miteinander so einfach sein könnte, erfordert es doch einfach nur den Mut, einander zuzulassen, und die Aufrichtigkeit, uns gegenseitig zu akzeptieren.

Einer meiner ersten Wege bei der Recherche zu diesem Buch führte mich zu C. G. Jung, dem Psychiater und Begründer der Analytischen Psychologie. Jung entwickelte die Theorie von Anima und Animus, dem Weiblichen im Mann und dem Männlichen in der Frau. Zu seiner Zeit war das eine gewagte Behauptung, heute aber ist die Aussage, dass einige Männer weiblicher als so manche Frau und manche Frauen männlicher als der ein oder andere Mann sind, nicht mehr anstößig. Es gibt viele Menschen, die der typischen Geschlechterrolle nicht entsprechen. Doch was ist überhaupt typisch? Meistens lassen sich diese Eingrenzungen als ein Konstrukt gesellschaftlicher Normen entlarven, die häufig auf Angst basieren. Der Angst vor der Veränderung und den Reaktionen darauf, der Angst, nicht dazuzugehören und ausgeschlossen zu werden, und letztendlich der Angst davor, alleine zu sein.

Mir ist es deshalb wichtig zu erwähnen, dass auf den folgenden Seiten die Begriffe weiblich-männlich nicht mit Frau-Mann oder pauschal mit Sie und Er gleichzusetzen sind. Ich benutze die Definition von Männern und Frauen lediglich dazu, um eine Form zu finden, in die ich ihre unterschiedlichen Charaktere einbetten kann. Ebenso könnte ich unabhängig von den Geschlechtsmerkmalen von »weiblichen« und »männlichen Gehirnen« sprechen.

Karl Valentin formulierte so schön: »Es ist schon alles gesagt, nur noch nicht von allen.« Ich erfinde das Rad nicht neu. Und es wundert mich auch nicht, dass bei meinen Recherchen viele meiner Gesprächspartner von mir wissen wollten, warum ich ein Buch über Frauen und Männer schreiben möchte, wo doch schon Unmengen an Büchern zu diesem und ähnlichen Themen in den Regalen der Buchhandlungen zu finden sind. Die Antwort liegt auf der Hand: Ich hatte und habe eine andere Perspektive, die ziemlich exklusiv ist. Was aber vielleicht noch von viel größerer Bedeutung ist, ist meine Leidenschaft, Menschen zu beobachten und zu analysieren. Ich tausche mich gerne über Beziehungen, Lebenserfahrung und Selbstfindung aus und möchte in diesem Buch über den thematischen Horizont der Unterschiede von Männern und Frauen hinausgehen, um den Menschen ganzheitlich zu betrachten. Seit ich mit mir im Reinen bin und mein wahres Leben im körperlichen Einklang mit meiner Seele leben kann, gehe ich mehr auf Menschen zu, stelle ihnen Fragen und führe meine kleinen Experimente durch. Manchmal stelle ich meinem Gegenüber nur eine einzige Frage, und wir sprechen Stunden, Tage, Monate und Jahre darüber. Als ich begann, mich auf das Buch vorzubereiten, wollte ich von vielen Menschen wissen: »Was haben Frauen und Männer in deinem Leben falsch oder richtig gemacht?«

Dabei habe ich die Definitionen von »richtig« und »falsch«, »Männer« und »Frauen« den Befragten selbst überlassen. Die Antworten, die ich bekam, spiegeln unsere Realität wider. Besonders hilfreich waren auch die Fragen, die ich als Reaktion auf mein erstes Buch in vielen

Leserbriefen, E-Mails und auf meinen Lesereisen gestellt bekommen habe. Die, die am häufigsten an mich gerichtet wurden, habe ich in dieses Buch aufgenommen. Es sind ganz unterschiedliche Fragen – witzige, freche, aber auch sehr ernstgemeinte. Die Antworten fallen dementsprechend aus, mal salopp und kurz, mal etwas tiefgründiger und ausführlicher. Ich habe eine grobe Gliederung vorgenommen, doch manche Fragen sind thematisch übergreifend, und das Buch muss auch nicht von vorne nach hinten gelesen werden.

Ich bin weder ein konventioneller Schriftsteller noch Analytiker oder Geschlechterforscher. Ich möchte weder fiktive Geschichten schreiben noch wissenschaftliche Arbeiten verfassen. Auf meine Art und Weise und mit meiner Perspektive bin ich aber Beobachter, Forscher und Visionär. Meine jahrelang geführten Notizen, die persönliche Eindrücke, Beobachtungen und Begegnungen enthalten, habe ich teilweise mit aktuellen wissenschaftlichen Studien und neusten Erkenntnissen verglichen, um typische Verhaltensmuster von Frauen und Männern aufzudecken und benennen zu können. Vor allem die Geheimnisse unserer Hormone wollte ich nicht außer Acht lassen, weil sie aus meiner Erfahrung heraus wesentlich mehr zu unserer Realität beitragen und mehr Auswirkungen auf unsere Gehirnstrukturen und damit auf unser Verhalten und unser Empfinden haben, als wir dies zunächst vermuten würden.

Wenn wir der Erkenntnis und unserem ganzen Wissen über unser Sein Respekt, Verständnis und Humor hinzufügen, dann kann uns eine große Explosion zwischenmenschlicher Konflikte erspart bleiben.

Als wir zum Beispiel Elektrizität noch nicht verstanden, lösten Blitze Angst in uns aus. Wenn wir uns selbst nicht verstehen und handhaben können, dann bereitet uns diese Hilflosigkeit aufgrund mangelnden Wissens ebenso große Angst. So sollten wir uns immer weiter selbst erkunden und lernen, wie wir unsere inneren positiven und negativen Teilchen beschleunigen und sie zur rechten Zeit entschleunigen können. Denn dann werden wir uns bei vielen Dramen, die in unserem Leben geschehen, nicht mehr so wichtig nehmen. Nietzsche hinterließ einen Satz, der uns eine gewisse Gelassenheit vermitteln kann: »Alles Entscheidende wird trotzdem geschehen.« Wir sollten demnach lernen, auf alles Entscheidende mehr zu vertrauen und alles nicht so Entscheidende nicht zu ernst zu nehmen.

Paare werden beim Lesen dieses Buches vielleicht zustimmend nicken, diskutieren, lachen, sich gegenseitig auf- und vielleicht auch ausziehen, um sich weiter gemeinsam zu erforschen und auf der Leiter der Erfahrung emporzusteigen. Denn seien wir mal ehrlich, wir können nicht ohneeinander. Sogar unsere eigene Anatomie zeigt hier eine Parallele: Kein Schritt kann ohne Agonist und Antagonist entstehen. Wir brauchen unseren Gegenpart, um voranzukommen. Ich habe versucht, diesen transparenter zu gestalten und einen kleinen Ratgeber für Frauen, Männer, ja eigentlich für Menschen zu schreiben, die ihr Gegenüber nicht in Teilaspekten, sondern in seiner Ganzheit verstehen möchten. Er soll die Kunst der Beobachtung und die Lust der Feinfühligkeit hervorheben und zeigen, dass Achtsamkeit, Konzentration, Erhabenheit und Respekt uns zu einem Gefühl der Vollkommenheit in uns selbst verhelfen können. In diesem Sinne möchte ich meine persönlichen Erfahrung an die Menschen zurückzugeben – in der Hoffnung auf ein besseres Mit- und Füreinander.

Lieber Balian Buschbaum …

Können Frauen schlechter einparken und Männer wirklich nicht zuhören?
Typisch Frau – Typisch Mann?
Klischees auf dem Prüfstand

Ist das Leben als Mann einfacher?

Ein klares: Ja! Ich glaube, dass das Leben als Mann mit einem entsprechenden Testosteronwert einfacher ist, weil dieses Hormon denk- und zweifelfaul ist. Faszinierend für mich ist, dass ich heute weniger nachdenke als früher und mich dadurch – besser fühle.

Zum Beispiel habe ich damals im Stabhochsprung bei vielen Sprüngen darüber nachgedacht, was alles schiefgehen könnte. Wenn ich heute einen Stab in die Hand nehme und aus Freude springe, dann denke ich nicht, sondern genieße einfach den Flug. Es fällt mir heute viel leichter, ein höheres Risiko einzugehen, ohne dabei leichtsinnig, aber vor allem, ohne dabei unsicher zu sein.

Das Einzigartige an meiner persönlichen Situation ist die Tatsache, dass ich mich noch daran erinnern kann, welche Auswirkungen Östrogen auf meine Gedanken und Gefühle hatte. Diese Zeit lehrte mich, hinter die verborgenen Türen der Frauen zu blicken. Die östrogenbehafteten Erinnerungen habe ich abgespeichert und kann jederzeit auf sie zurückgreifen. Meistens aber vermeide ich es, denn diese östrogenbeladenen Gedanken sind mir einfach zu komplex geworden. Ich glaube aber auch, dass Testosteron ein paar emotionale Türen im Gehirn schließt, was eine weniger große emotionale Spannweite zulässt und somit das empathische Verhaltensrepertoire verringert. Wenn Männer den Mount Everest besteigen, dann können Frauen sie nur belächeln. Sie sind schließlich in der Lage, mit ihren Emotionen gleichzeitig auf dem höchsten Berg der Welt zu stehen und ebenso auf den tiefsten Grund der Meere abzutauchen.

Meine Worte sollen Frauen oder Männern gegenüber – je nachdem wie man es nimmt – nicht abwertend klingen, sondern nur veranschaulichen, dass Östrogen und Testosteron eben unterschiedliche Auswirkungen auf unser Verhalten und Erleben haben.

Ist der kleine Unterschied wirklich so groß?

Die genetische Information von Männern und Frauen ist zu über 99 Prozent identisch. Diese Erkenntnis erörtert die Neurobiologin Louann Brizendine, die in verschiedenen Untersuchungen und Studien fünfundzwanzig Jahre lang Hormonen und ihren Auswirkungen im Gehirn von Frauen und Männern auf den Grund gegangen ist. Sie stellt fest, dass die 30 000 Gene, die ein Mensch in sich trägt, nur geringfügig unter den Geschlechtern variieren. Dieser kleine Unterschied, den wir Geschlecht nennen, wirke sich aber entscheidend auf jede einzelne Zelle unseres Körpers aus und manifestiert sich in unserem Lustempfinden, der Schmerzgrenze, den Neuronen, der Wahrnehmung, den Gedanken und den Gefühlen.

Nachweisbare Unterschiede zwischen dem weiblichen und dem männlichen Gehirn finden sich in der Menge der Hormone. Diese beeinflussen uns in unserem Erleben und Verhalten wesentlich mehr, als wir ahnen. Testosteron ist der Hauptvertreter unter den Sexualhormonen beim Mann, und Östrogen ist das wichtigste weibliche Sexualhormon, wobei die beiden Hormone in unterschiedlichen Mengen in unseren Körpern auftreten. Bei Männern liegt beispielsweise der Testosteronwert im Blutserum zwischen dreihundert und tausend Nanogramm je Deziliter, bei Frauen zwischen zwanzig und siebzig. Auch Männer produzieren in den Hoden kleine Mengen von Östrogenen. Welche Auswirkungen die unterschiedlichen Wirkspiegel haben, bekommen wir täglich beim Zusammentreffen und in der Kommunikation mit dem anderen Geschlecht zu spüren.

Sind Männer schlauer, weil sie ein größeres Gehirn haben?

Das männliche Gehirn ist – auch unter Berücksichtigung der Körpergröße – rund neun Prozent größer als das weibliche Gehirn. Noch im neunzehnten Jahrhundert folgerten Wissenschaftler aus der unterschiedlichen Gehirngröße, dass Frauen geringere geistige Fähigkeiten haben müssten als Männer, was diese fälschlicherweise in ihrer Annah-

25

me bestätigte, das stärkere, weil schlauere Geschlecht zu sein.

Als die Hirnforschung voranschritt und mehr Erkenntnisse über die Funktionsweise und den Aufbau unseres Gehirns vorlagen, zeigte sich schnell, dass beide Geschlechter die gleiche Anzahl von Gehirnzellen aufweisen, die bei Frauen nur auf engerem Platz verteilt sind. Das sei wohl der Grund, warum Frauen sich leichter emotional überhitzen, da die gelegentlich kochende Wut zu wenig Platz zum Verdampfen habe, witzelten die Herren der Schöpfung daraufhin. Der weibliche Konter fiel nicht weniger böse aus. Die Größe des männlichen Gehirns sei der Grund dafür, dass Männer gar nicht oder nicht so schnell verstünden, weil ihre Neuronen im Gehirn länger für die Reise zum Verständnisareal benötigten. Auf dem Weg dorthin verirrten sie sich ständig, würden von ihrem männlichen Stolz aber abgehalten, nach dem Weg zu fragen. Spaß beiseite, es gibt keinen wissenschaftlich seriösen Nachweis für die intellektuelle Überlegenheit eines Geschlechts. Zwar scheinen sich die spezifischen kognitiven Fähigkeiten von Männern und Frauen in mancher Hinsicht zu unterscheiden, in der Gesamtintelligenz aber sind sie ebenbürtig.

Frauen wollen reden, Männer Sex. Stimmt das?

Besteht unsere Welt aus zwanghaften Triebtätern mit einer Dauererektion und weiblichen Quasselstrippen mit einem Spiegel als Zuhörer? Entgegen allen Klischees reden Frauen über den Tag verteilt nicht mehr als Männer. Zu diesem Ergebnis kommen amerikanische Wissenschaftler, die das natürliche Redeverhalten von knapp vierhundert Studenten untersucht haben. Sowohl Männer als auch Frauen benutzen im Durchschnitt etwa 16 000 Wörter am Tag.

Und was ist mit dem Sex, der den Männern die ganze Zeit den Geist vernebeln soll? Auch der ist überbewertet. Der Mann denkt nicht alle sieben Sekunden an Sex, wie immer so schön behauptet wird. Tatsächlich nutzt er sein Gehirn auch noch für andere Einfälle. Nach einer neuen Studie überfällt junge Männer im Durchschnitt nur neunzehn Mal am Tag der Gedanke an Sex. Ans Essen fast achtzehn Mal. Allerdings sind die Ergebnisse solcher Untersuchungen sehr unterschiedlich und schwanken je nach Alter der Probanden und Auswertungskriterien zwischen zehn und fünfzig Momenten täglich, in denen Männer ins Erotische abgleiten. Alle Studien sind sich aber in einer Aussage einig: Frauen denken weniger an Sex (und mehr ans Essen).

Warum ist das so? Tatsache ist, dass unsere Gehirne unterschiedlich funktionieren. In einer Forschungsreihe, die ich auf BBC verfolgt habe, setzten englische Wissenschaftler bildgebende Verfahren ein, um die unterschiedliche Gehirnaktivität von Männern und Frauen zu dokumentieren. Den Versuchsteilnehmern wurde eine neutrale Szene, ein Gespräch zwischen einem Mann und einer Frau gezeigt. Im Gehirn der Männer aktivierten sich beim Betrachten sofort die Sexualzentren. Sie sahen in dem Gespräch den Auftakt zu einer sexuellen Begegnung. Das weibliche Gehirn interpretierte das Bild lediglich als das, was es in ihrer

Realität war: Ein Gespräch zwischen zwei Menschen. Die Studie kam zu dem Ergebnis, dass das Sexualzentrum des Mannes zweieinhalb Mal größer ist als das einer Frau.

Ich persönlich kann diesen Aussagen aus eigener Erfahrung beipflichten. Ich denke ebenfalls häufiger an Sex als an Essen. Mein männliches Gehirn funktionierte allerdings schon immer so. Durch die Testosteronsubstitution verstärkten sich aber die Gedanken an Sex und vor allem der Wunsch, die sexuellen Phantasien auch auszuleben.

Dass der Mann leichter auf erotische Reize reagiert, sagt aber noch nichts über Inhalt und Intensität der sexuellen Wünsche aus und welche Auswirkungen sie auf Wahrnehmung und Verhalten im Alltag haben. Das zu erfahren wäre aber doch das eigentlich Interessante, bei Männern und bei Frauen, oder?

Einer hemmungslos sinnlichen Frau ist der Mann immer unterlegen. Ihr Orgasmus ist breit und tief und lang. Seiner ist ein Witz.   Helge Timmerberg

Warum schauen Männer immer auf Busen und Po, wenn sie eine Frau sehen?

»Männer starren zuerst auf meinen Hintern und meine Brüste und wissen auch nach dem dritten Date noch nicht, welche Augenfarbe ich habe«, dieser Klage können viele Frauen beipflichten. Aber sind Männer tatsächlich optisch so fixiert? Um den Vorwurf etwas zu entkräften, möchte ich eine Studie aus Amerika anführen, die vor einiger Zeit auf BBC veröffentlicht wurde. In dieser Untersuchung sollten Männer eine spezielle Brille aufsetzen, die die Richtung ihrer Blicke aufzeichnete und an einen Computer übertrug, während im Blickfeld der Männer eine Frau erschien. Die Forscher untersuchten, wie lange der Focus der Männer auf den verschiedenen Körperregionen der Frau verweilte. Das Ergebnis zeigte, dass Männer zuerst einige Sekunden auf das Gesicht einer Frau schauten. Dann allerdings wanderten ihre Blicke sehr schnell zur Hüft- und Poregion der Frau, um sich schließlich im Beckenbereich etwas länger aufzuhalten. Abschließend scannten nahezu alle Probanden den ganzen Körper der Frau.

Wissenschaftler führen diese Ergebnisse auf den Urtrieb des Mannes zurück, der sein unbewusstes Partnerwahl-Programm bestimmt. Eine Frau mit gebärfreudigem Becken animiert den Fortpflanzungstrieb des Mannes, ohne dass es ihm bewusst wäre.

Für alle Kulturen rund um die Welt gilt übrigens, dass Aussehen und auch Alter sehr wichtig bei der Partnerwahl sind, das fand eine internationale Partnerwahlstudie der University of Michigan heraus. Wobei beim Aussehen die Bewertung unterschiedlich sein kann; so gelten in Teilen Afrikas dicke Frauen oder hängende Brüste als schön. Beim Alter sind sich die Männer dieser Welt einig. Die Frau sollte jünger als der Mann sein. Dies hat wahrscheinlich auch evolutionsbedingte Gründe: Je jünger die Frau, desto mehr Kinder kann sie haben und desto weiter können die männlichen Gene verbreitet werden.

Nicht zu vernachlässigen ist bei der Partnersichtung die

Wirkung von harmonischen Proportionen – und das sowohl bei Männern als auch bei Frauen. Eindrucksvoll illustriert das ein Bild von Leonardo da Vinci aus dem Jahr 1492 mit dem Namen: »Der vitruvianische Mensch«, das bis heute als ästhetische Vorlage für die perfekten Proportionen des menschlichen Körpers gilt. Wissenschaftler interpretieren die Vorliebe für ein symmetrisches Gesicht und einen ebensolchen Körperbau als Anzeichen für eine stabile Gesundheit und einen funktionierenden Fortpflanzungstrieb.

Neben diesen oft unbewusst ablaufenden Mechanismen gibt es natürlich auch viele persönliche Vorlieben. Eine neuere Umfrage hat ergeben, dass drei Viertel aller Männer erst einmal auf die Haare einer Frau schauen. Augen und Zähne, sogar schöne Füße und Hände stehen bei manchen Männern ganz oben auf der Prioritätenliste.

Was mir allerdings immer wieder auffällt ist, dass Frauen sich selbst viel kritischer sehen, als Männer das tun. Viel wichtiger als das perfekte Aussehen ist doch ein eigenes und positives Körpergefühl. Wenn ein Mann spürt, dass sich eine Frau in ihrem Körper wohl fühlt, sich frei und ungezwungen bewegen kann, bemerkt er mögliche Problemzonen wahrscheinlich überhaupt nicht und wird sich eher wünschen, diese Rundungen endlich nackt zu sehen. Mein Rat an die Frauen: Seid stolz auf euren Körper und eure Weiblichkeit, dann wirkt ihr auch anziehend auf den Mann.

Die Männer beteuern immer, sie lieben die innere Schönheit bei der Frau, komischerweise gucken sie dabei ganz woanders hin. Marlene Diedrich

Wodurch wirkt eine Frau anziehend?

Wenn Männer eine attraktive Frau beschreiben sollen, benutzen sie Attribute wie sexy, aufregend, tolle Figur, lange (vorzugsweise blonde) Haare. Ihr Äußeres muss ihn nicht nur überzeugen, sondern spielt die zentrale Rolle bei der Partnerwahl. Sowohl ihre Ausstrahlung als auch ihre Authentizität kann die Frau getrost vernachlässigen, wenn sie nur weiß, wie sie am besten ihre Maße zur Schau stellt. Wenn eine Frau geerdet ist oder den Zustand innerer Ruhe anstrebt, dann wirkt sie alles andere als aufregend auf den Mann. Männer wollen Frauen zähmen. Eine Frau braucht nicht zu wissen, wer sie ist. Es reicht, wenn er es weiß. Vorteilhaft, um als Frau die Note »anziehend« zu erhalten, ist es, keine eigenen Überzeugungen zu haben und nicht kämpfen und bestenfalls auch nicht viel reden zu wollen. Damit aus dem unerfahrenen Mädchen auch eine echte Traumgattin wird, muss sie aber nicht nur schweigen, sondern ihre nicht ausgesprochenen Worte auch in seine Körpersprache übersetzen können. Seine Körpersprache ist Sex. Hier kann sie auch ruhig etwas aus ihrer sonst passiven Rolle heraustreten und ihre Aggressionen körperbetont umsetzen.

Weiterhin erstrebenswert für eine Frau sollte es sein, bei der Problembewältigung des Mannes nicht im Wege zu stehen, keine mütterlichen Ratschläge zu erteilen und ihm möglichst viel Freiraum zu schaffen, indem sie sich um Kind und Haushalt kümmert.

Wichtig bei der ganzen Sache ist, dass die Frau nur das darstellt, was er sich wünscht: eine erotische Verführerin (es geht um seinen Spaß), ein verantwortungsvolles Kindermädchen (es geht um seine Gene) und eine perfekte und effiziente Haushaltsführerin (es geht um sein Geld).

Liebe Leserin, hast du es bis hierher geschafft? Ich kann gut verstehen, wenn das Buch jetzt ein paar Seiten weniger oder ein paar Kratzer mehr hat. Aber bevor ich mit den Vorurteilen, wie Männer über Frauen denken (und die nicht nur Frauen auf die Palme bringen können), aufräume, wollte ich sie nochmals vergegenwärtigen.

Für den selbstbewussten Mann (und ich denke: nur ein solcher kommt in Frage) sind jene Frauen attraktiv, die nahezu all den oben aufgeführten Beschreibungen trotzen.

Was aber macht eine Frau wirklich anziehend für einen Mann?

Frauen, die ganz sie selbst sind und sich lieben so wie sie sind, versprühen eine besondere Ausstrahlung, die jeden Mann in Bann zieht – auch in sexueller Hinsicht. Wenn eine Frau ihre Stärken und ihre Schwächen innerlich wie äußerlich einzuschätzen weiß, weder die einen auffällig überbetont noch die anderen angestrengt verbirgt, dann ist sie selbstbewusst. Wenn sie dazu finanziell unabhängig ist, sich sicher auf jedem Parkett bewegt, aber es zulassen kann, dass er ihr auch mal die Tür aufhält und sie zum Essen einlädt, um seine Versorgerqualitäten zu zeigen, dann ist sie klug. Wenn sie dann noch eine Glühbirne auszutauschen oder eine Waschmaschine anzuschließen weiß, ohne ihm das Gefühl zu geben, dass er dadurch überflüssig wird, dann ist sie praktisch.

Und wenn der Mann auch noch spürt, dass er bei ihr eine Heimat finden könnte und seine manchmal etwas verqueren Gedanken, wie die Frage, ob die Krawatte zur Außenfarbe seines Wagens passt oder warum Hunde überhaupt Haare haben, ernst nimmt, dann ist ihr seine Liebe gewiss.

Was macht einen Mann attraktiv?

Ich glaube, dass eine gute Mischung aus Charme, Humor und einer gewissen äußeren und inneren Magie auf Frauen wirkt. Wenn Frauen einen attraktiven Mann beschreiben sollen, benutzen sie gerne Schlagwörter wie stark, beschützend und vertrauenswürdig. Dazu kommt ein Quäntchen Draufgängertum, viel Humor, aber vor allem Intelligenz und Ausdrucksstärke in Wort und Bild sowie die nötige geistige Reife und Lebensweisheit. Durchaus darf sie auch sein Äußeres überzeugen, doch wichtiger als die äußere Hülle ist Ausstrahlung und Authentizität. Ist ein Mann geerdet, dann wirkt sich seine innere Ruhe auch auf seine äußere Ausstrahlung aus. Er muss wissen, wer er ist, und bereit sein, für seine Überzeugung einzutreten. Nicht zuletzt imponiert es einer Frau, wenn der Mann an ihrer Seite zuhören kann. Allerdings sollte er ihre Worte nicht nur hören, sondern sich auch aktiv um ein Verstehen bemühen. Echtes Interesse, teilnehmendes Nachfragen und eine gewisse Zurückhaltung bei Ratschlägen und Bewertungen lassen keine Frau unberührt.

Doch auch das liebe Geld spielt eine Rolle. Eine internationale Partnerwahlstudie der University of Michigan ergab, dass für Frauen rund um den Globus die finanzielle Situation ihres Partners bedeutend ist. Unabhängig von geographischen, kulturellen und religiösen Unterschieden und auch davon, ob die Befragten in einer kommunistischen, sozialistischen oder kapitalistischen Staatsform leben, spielt dieser Aspekt bei Frauen eine doppelt so große Rolle wie bei den Männern.

Das Bedürfnis nach finanzieller Sicherheit ist übrigens auch unabhängig davon, wie wohlhabend die Frauen selbst sind. Millionärinnen suchen ebenso nach einem Partner mit großen materiellen Ressourcen wie heiratswillige Frauen aus einem mittellosen Elternhaus.

Eine ebenfalls große Chance auf den Attraktivitätspokal haben Männer, die gut mit Kindern und Tieren umgehen können, wahrscheinlich signalisiert das Vertrauen und Verantwortungsgefühl. So kommt ein Mann, der alleine einen Kinderwagen schiebt oder einen Welpen an der Leine führt, viel schneller mit fremden Frauen ins Gespräch, als wenn er ohne einen solchen Anhang seine Runden dreht.

Zehn Verhaltensweisen, die einen Mann ziemlich unsexy machen:

1. Am Strand ins Wasser gehen und sich beim Eintauchen die Nase zuhalten.
2. Bei Kontakt mit Krabbeltieren anfangen zu kreischen.

3. Im Bett die Socken zuletzt oder gar nicht ausziehen.
4. In der Gegend herumspucken, rülpsen oder sich in regelmäßigen Abständen an den Penis fassen.
5. Keine Entscheidung treffen können.
6. Bei einer Geschwindigkeitsbegrenzung von 120 km/h nur 80 km/h schnell fahren.
7. Schon bei einem Schnupfen wehleidig sein.
8. Als Kapitän das Boot zuerst verlassen.
9. Auf die Frage: Was für ein Tier würdest Du gerne einmal sein? »Regenwurm« antworten.
10. Wenn der Wasserhahn tropft, die Mama anrufen.

Wenn allerdings wahre Liebe im Spiel ist und eine Frau gelernt hat, den Menschen so anzunehmen, wie er ist, dann sieht sie auch darüber hinweg, wenn ihr Held nur in Socken bekleidet im Schwimmbad auf dem Einmeterbrett steht, das Handy ans Ohr hält und seiner Mutter den Vorwurf macht, dass er todkrank sei und sich in die Tiefe stürzen wird, da er diesen Schnupfentumor nur deswegen bekommen habe, weil der Wasserhahn zu Hause tropft und sie sich nicht darum gekümmert habe. Danach legt er weinerlich auf, wirft mutig das Handy ins Gras (es könnte ja durch den Todessprung ins Wasser kaputt gehen) und stürzt sich mit den Worten: »Alle Macht den Regenwürmern!« in die Tiefe. Dabei hält er sich natürlich die Nase zu. So sind sie, die Superhelden unserer Zeit. Welche Frau würde ihren Mann nicht für das lieben, was er ist?

Warum verlieben sich gutaussehende Männer in unauffällige Frauen?

Für diese Männer – vielleicht sind das ja die ersten Exemplare einer weiterentwickelten Spezies – ist Schönheit nicht allein an Äußerlichkeiten gebunden. Jeder Mensch, der innerlich schön und liebevoll ist, strahlt seine innere Schönheit auch nach außen aus. Diese Art von Schönheit können nur viele Menschen nicht sehen, weil sich die meisten allzu sehr von der Oberfläche ablenken lassen. Das wirklich liebende Herz lässt sich nicht von dem oberflächlichen Schein ablenken, sondern sieht tiefer in die Seele und erkennt wahre Schönheit.

Warum gehen Frauen immer gemeinsam auf die Toilette?

Ganz einfach: Die Damentoilette ist der einzige Ort, an dem Frauen sich ungestört – ohne Männer – unterhalten können. Viele Männer vermuten nun, dass dort über sie geredet würde – weit gefehlt! Eine von einem großen Hygieneartikel-Hersteller in Auftrag gegebene Umfrage bei über fünfhundert Frauen hat ergeben, dass nur achtzehn Prozent der Frauen sich auf der Toilette ungestört über Männer unterhalten wollen. Die Hauptgründe für den gemeinsamen Toilettenbesuch sind vielmehr: Frauen trauen sich entweder nicht alleine aufs Örtchen oder wollen gemeinsam lästern, aber in erster Linie nicht über Männer, sondern über Make-up, Kleidung und andere Dinge, die ihnen auf die Nerven gehen.

Weibliche Gehirne stellen über solche Gespräche eine gegenseitige Verbindung her. Sie sind daran interessiert, Kontakte herzustellen, diese nach bestem Gewissen zu pflegen, auszubauen und damit für Harmonie und Verständnis zu sorgen. Dabei kommt es nicht selten vor, dass das gemeinsame Gekicher noch Türen und Räume weiter wahrzunehmen ist. Bei diesen Gesprächen wird Dopamin und Oxytocin ausgeschüttet. Dieser Austausch aktiviert das Lustzentrum im Gehirn und verstärkt das persönliche Lustempfinden. Es erklärt sich daher von selbst, warum sich eine Frau mit ihrer besten Freundin im Schlepptau auf einer Toilette so wohl fühlt.

Das Verhalten beim Besuch des Stillen Örtchens ändert sich übrigens mit dem Alter. Während Teeanger und junge Frauen sich als wahre Herdentiere erweisen, bevorzugen Frauen ab einem gewissen Alter doch eher den Alleingang. Der Gesprächsbedarf verebbt allerdings nicht mit dem Alter, sondern verlagert sich zum Beispiel aufs stundenlange Telefonieren. Wenn weibliche Gehirne allerdings erwarten, dass sie mit Männern qualitativ und quantitativ derlei Gespräche führen können wie mit ihren Freundinnen, werden sie bitter enttäuscht. Der Mann hält sein Telefonsprechverhalten, wie sonst auch sein Mitteilungsbedürfnis, auf einem niedrigen Kommunikationslevel. Er möchte am Telefon zügig alles klären, ohne ausufernde emotionale Berichte zu hören. Danach möchte er auflegen. Manchmal können dadurch peinliche Pausen entstehen, da er glaubt, bereits alles Nötige gesagt zu haben, sie aber auf weitere

Ausführungen wartet oder zumindest eine Reaktion auf ihre Erzählungen von ihm hören möchte. Es gibt allerdings durchaus sensible Männer, die auf Grund der Reaktion ihrer Gesprächspartnerin spüren, dass sie noch nicht auflegen will.

Generell ist das Testosteron aber eine Art Stummschalthormon, das eigentlich nur zwei Ausnahmen kennt: Fällt das Thema auf Sport oder Sex, dann werden auch die schweigsamsten Schafe zur Quasselstrippe.

Worüber sprechen Frauen
mit ihrer besten Freundin?

Eines Abends saß ich an meinem Schreibtisch, der mich schon seit Jahren begleitet und gerade mal so groß ist, dass ein Laptop und ein Blatt Papier auf ihm Platz finden. Ich tippte also so vor mich hin, als das Handy meines weiblichen Besuchs klingelte. Es war ihre beste Freundin und mein besonderes Geschenk für diesen Abend.

Mein Besuch zog sich in mein Wohnzimmer zurück, um ungestört zu reden, obwohl sie genau wusste, dass ich trotzdem alles hören konnte. Das Gespräch drehte sich um den neuen Partner ihrer besten Freundin. Zu allererst thematisierten sie die erste Begegnung mit dem Neuen und all die entscheidenden Dinge: wie er sich bewegte, wie er sprach, wie er roch, was er ausstrahlte, seine Hände, seine Augen, seine Proportionen, die Form und Anordnung seiner Zähne. Die Freundinnen sprachen über so viele Details, dass ich mir unmöglich alle merken konnte. Auch die Gewichtung, was nun letztendlich entscheidend bei der Wahl war, war nicht herauszuhören. Bei Männern verhält es sich da wesentlich einfacher: entweder will er mit ihr schlafen oder nicht. Dass Frauen irgendwann auch an der Frage nach Sex mit ihm interessiert sind, belegte aber der Fortgang der Unterhaltung. Die beiden flüsterten nun, und es ging um den ersten Sex mit dem Neuen und sein bestes Stück. Dabei wurden ihre Stimmen immer leiser, so dass es mir sehr schwerfiel, alles zu verstehen. Ich konzentrierte mich so gut es ging und ließ von meiner eigentlichen Arbeit ab, als aus dem Wohnzimmer ein paar Füße auf mich zu tippelten.

»Hast du deinen Penis jemals gemessen?«

Ertappt, aber nicht ganz unvorbereitet, hatte ich doch ihr Gespräch verfolgt, fragte ich zurück: »Warum fragst du mich das?«

»Weil meine Freundin und ich nicht verstehen können, warum Männer das tun.« – Augenrollen.

Also antwortete ich, um ihnen weiteren Stoff für ihr Telefonat zu liefern, dass ich meine Männlichkeit nicht nur über meinen Penis definiere und ihn somit auch nicht zu messen brauche. Außerdem, fuhr ich fort, existiere jeder Penis nur einmal auf der Welt, weshalb man ihn gar nicht vergleichen könne. Ob er nun groß, klein, dick oder dünn oder eben genau richtig erscheine, entscheide man selbst.

Nicht ganz zufrieden mit dieser sehr salomonischen Antwort, tapsten die Füße wieder zurück zur Freundin ans Telefon. Nun tuschelten beide über die Effizienz eines Penis. Wichtiger als dessen Ausmaß sei seine Beweglichkeit und was Mann mit seinem kleinen Freund anstelle und wie er mit ihm und ihr umgehen könne, war zu hören. Wenn ein großer Penis in seiner Ausgangsstellung verharre oder ein kleiner Penis nichts tue, liefe das auf dasselbe hinaus. Nichts passiert!

Ich konnte nicht mehr an mich halten und rief als Zusatz zu der mir gestellten Frage Richtung Wohnzimmer: »Jede Zahl hebt sich auf oder verdoppelt sich, wenn Verständnis, Zuhörvermögen und das gewisse Etwas präsent sind!«

Die zwei Frauen hielten es anscheinend nicht für notwendig, meinen Einwand in ihr Gespräch einzubeziehen, und kritisierten stattdessen an den Männern, dass sie häufig noch nicht einmal wüssten, dass jede Frau anders gebaut sei.

Klar, wissen wir das, dachte ich bei mir, denn schließlich ist diese Information doch offensichtlich. Warum sonst schauen wir Frauen hinterher? Wie gut, dass ich meine Gedanken für mich behielt, denn offensichtlich sprachen sie nicht über das Äußere, sondern sie spielten darauf an, dass der Körperbau jeder Frau so wie der Penis des Mannes auch nicht immer der gleiche sei. Es gebe engere und breitere Becken, kleinere und größere Scheiden, Männer sollten wissen – da waren sie sich einig –, dass es Frauen gebe, die mit einem großen Penis Probleme haben oder bei einem zu kleinen Penis in Orgasmusschwierigkeiten gerieten.

»Und außerdem existieren so viele verschiedene Techniken, die eine Frau zum Orgasmus bringen, dass sich Männer bloß nicht einbilden sollten, allein mit ihrem Penis eine Frau befriedigen zu können«, ereiferte sich jetzt die Frau in meinem Wohnzimmer. Als wäre dies nicht schon genug, verfielen die Freundinnen jetzt mit merklich angehobenen Stimmen endgültig dem Orgasmus-Thema. Nein, die meisten Männer kennen die unterschiedlichen Orgasmen von Frauen gar nicht, hörte ich sie sagen. Und dann begannen sie, munter draufloszuquasseln, wie ihnen Sex am besten gefalle.

Ob ich hiermit die Frage beantwortet habe, worüber sich Frauen unterhalten, wenn sie unter sich sind, möchte ich mal bezweifeln, vielleicht einen Aspekt davon. Ich glaube aber, dass Frauen ihre Anliegen, die sie mit ihrer besten Freundin bereden, oft genug ihren Männern signalisieren. Dabei spielt es keine Rolle, ob sie sexueller, emotionaler oder rationaler Natur sind. Entscheidend ist, dass Frauen überhaupt ihre Wünsche oder ihr Missfallen kommunizieren. Manchmal geschieht das nicht über Worte, vor allem dann nicht, wenn Frauen bereits des Öfteren auf taube Ohren gestoßen sind. Dann schwenken sie um auf Mimik, Gestik oder ein leicht verändertes Verhalten. Männer brauchen also gar nicht die Telefonate ihrer Freundin zu belauschen, um zu wissen, was sie bewegt. Sie müssen einfach nur aufmerksam im Umgang mit ihrer Liebsten sein.

Ein Männergespräch (Dauer fünf Minuten)

Ich stehe am Pissoir einer Flughafentoilette, ein anderer Mann stellt sich direkt neben mich. Aus dem Augenwinkel schätze ich ihn auf Mitte dreißig bis Anfang vierzig. Am Abfluss des Pissoirs befindet sich eine Fliege, damit wir Jungs genauer zielen, um weniger danebenzuspritzen. »Stehen zwei Frösche am Pissoir nebeneinander.

Der eine rollt seine Zunge aus, um nach der Fliege zu schnappen. Der andere sagt: Sei doch nicht dumm! Die Fliege ist nur aufgedruckt!«, unterbreche ich unser andächtiges Schweigen.

Hätte der Mann neben mir sich nicht schon erleichtert, hätte er sich vor Lachen eingenässt. Wir packen zusammen, waschen uns die Hände und kehren in den Wartebereich unseres Gates zurück. Ich erzähle ihm, dass ich mir in allen möglichen Toilettenhäuschen schon viele Gedanken darüber gemacht habe, wie man die Steh-Zeit besser nutzen und angenehmer gestalten könnte. Er ist Ingenieur, und meine Ideen scheinen ihm zu gefallen. Jedenfalls drückt er mir seine Visitenkarte in die Hand und bittet mich, ihm meine Einfälle mal zu schicken.

Als ich schließlich an meinem Zielflughafen lande und mir ein Taxi nehme, sinniere ich noch mit der Karte in der Hand über mein zukünftiges Pissoir-Projekt. Kaum zu Hause angekommen, bringe ich meine Ideen zu Papier und will sie schon dem Ingenieur zusenden, als ich feststelle, dass ich die Visitenkarte irgendwo zwischen Taxi und Wohnung verloren haben muss.

Solltest du, lieber Ingenieur, zufällig dieses Buch lesen und dich darüber gewundert haben, dass du nie eine E-Mail von mir erhalten hast, dann sende mir einfach ein Bild mit zwei Fröschen zu!

Noch ein Männergespräch (Dauer zwanzig Minuten)

Ich sitze an der Theke in einer Bar und warte auf mein Date. Neben mir sitzen zwei Männer. Der eine trinkt Becks, der andere Corona. Sie schweigen über zwanzig Minuten und nippen gelegentlich an ihrem Bier.

Und noch ein Männergespräch (Dauer 31 Minuten)

Ich sitze an der Theke in einer Bar und warte auf mein Date. Neben mir sitzen zwei Männer. Der eine trinkt Becks, der andere Corona. Sie schweigen über zwanzig Minuten und nippen gelegentlich an ihrem Bier.
Nach dieser ausgedehnten Phase des Schweigens unterhalten sie sich so laut, dass es unmöglich ist, ihnen nicht zuzuhören. In ihrer plötzlich angeregten Konversation geht es um den optimalen Zeitpunkt, mit einer Frau zu schlafen. Mr Becks zieht ein Resümee seiner Erfahrung der letzten Jahre und gibt zum Besten: »Spätestens nach drei, maximal aber nach sieben Tagen!« Mr Corona ist da etwas forscher und meint: »Also, wenn ich eine Woche lang warten muss, dann wird das erste Mal aber kurz.«
Sie prosten sich lachend zu und trinken ihre Flaschen leer. Dann bemerken sie, dass ich ihrer Unterhaltung gelauscht habe, und befragen mich nach meiner Meinung. Ich antworte: »Das Geheimnis besteht darin, die Frau dazu zu bringen, dass sie mit dir schlafen möchte. Zuerst schlafe ich deshalb mit ihren Gedanken und ihren Träumen, erst dann schlafe ich mit ihrem Körper. Manchmal passiert das in der ersten Nacht, manchmal erst nach einem Monat. Es kommt darauf an, dass du den Frauen möglichst erwartungsfrei begegnest.« Die Männer reagieren zunächst etwas irritiert und ratlos. Ich glaube mir aber einzubilden, dass Mr Corona mit gedankenverlorenem Blick versucht, meinen Satz zu verstehen und ihn auf sein Verhalten zu übertragen. Dann kommt auch schon mein Date durch die Tür geschritten, und ich füge noch schnell augenzwinkernd hinzu: »Hauptsache ist, dass man nicht gefallen will.«

43

Können Frauen schlechter einparken als Männer?

Einmal fragte mich ein sympathischer junger Mann: »Parkst du nun besser ein als früher?« Er glaubte, dass ich aufgrund meiner Geschlechtsangleichung nun auch einige landläufig den Männern zugeschriebene Fähigkeiten entwickelt haben müsste. Denn was hätte das Ganze sonst auch schon gebracht?

»Nein«, antwortete ich ihm, »zwischen Parklücken und mir hat es noch nie Probleme gegeben. Das liegt mir in den Genen und nicht im Geschlecht.«

Die Wissenschaft gibt mir recht. Die kanadische Universität in Alberta kam zu dem Ergebnis, dass Männer und Frauen die gleiche »Software« besitzen, deren Programme sie nur unterschiedlich benutzen, um die jeweiligen Aufgaben zu lösen. Sie beobachteten in ihrem Test die Gehirnaktivitäten von Frauen und Männern, die abstrakte dreidimensionale Formen vor ihrem geistigen Auge im Raum drehen sollten. Dabei schnitten beide Geschlechter gleich gut ab. Eindeutige geschlechtsspezifische Unterschiede gab es jedoch bei den Schaltkreisen, die im Gehirn zur Bewältigung der jeweiligen Aufgaben aktiviert wurden. Bei Frauen traten Leitungsbahnen in Aktion, die mit dem visuellen Erkennen zu tun hatten, sie nahmen sich mehr Zeit als die Männer, um sich die Objekte im Geist bildlich vorzustellen.

Entsprechend der Studie parken Frauen nicht schlechter ein, sondern nehmen sich nur mehr Zeit dafür. Stehen sie allerdings unter Zeitdruck, den ein ungeduldiger Beifahrer noch verstärken kann, braucht sich niemand zu wundern, dass es mit dem einwandfreien Einparken nicht so klappt.

Wenig später beobachtete ich auf einem Supermarktparkplatz einen Mann, der mit einem schreienden Kind auf dem Rücksitz zu kämpfen hatte. Erst nach einigem Hin und Her navigierte er die Familienkutsche endlich in die großzügige Parklücke. Gibt man einer Frau in der gleichen Situation noch ein Handy ans Ohr und ein weiteres Kind auf die Rückbank, das mit dem Zeigefinger ununterbrochen auf ihre Schulter klopft und fragt, ob es gleich ein Eis haben könne, so wird sie den Schlitten ebenso wie der Mann, nur weniger genervt und überfordert und möglicherweise sogar souveräner einparken.

Warum müssen sich Männer immer beweisen?

Das ist angeboren, glaube ich. Schon kleine Jungs haben das Bedürfnis, sich ständig zu messen. Wer ist der Schnellere, der Stärkere, und wer kommt am besten bei den Mädels an? Aus allem wird ein Wettkampf gemacht. Im Erwachsenenalter geht es ganz ähnlich weiter. Der Mann möchte seine Grenzen testen und ist auch bereit, dafür einen hohen Preis zu zahlen – in Form von Strafzetteln, Meniskusrissen oder einer drohenden Scheidung.

Andererseits gäbe es ohne Risikobereitschaft und den Drang, es sich beweisen zu müssen, mit Sicherheit einige Erfindungen und Eroberungen weniger. Hätte sich denn eine Frau irgendwelche Segelkonstruktionen an den Armen befestigt und sich im Fliegen ausprobiert? Wären Frauen jemals zum Mond geflogen oder das Risiko eingegangen, ohne Sauerstoffflasche über zweihundert Meter in die Tiefe zu tauchen? Sicherlich wären sie auf die Idee gekommen. Aber vermutlich hätten die Fragen nach dem Warum und dem Wofür sie an der Umsetzung gehindert. Es ist also nicht immer nur von Dummheit geprägt, wenn sich ein Mann über die angeblichen Grenzen stürzen möchte. Manche Heldentaten dienen auch dem Wohl der Menschheit.

Manche Männer sind sogar auf ihre Bescheidenheit stolz. Unbekannt

Warum sind Männer so wehleidig?

Männer sind stark und belastbar, wenn es darum geht, körperlich schwere Arbeiten zu verrichten, in denen sie ihre Männlichkeit unter Beweis stellen können. Sie sind leidensfähig in Ausnahmesituationen und können im Notfall den größten körperlichen und seelischen Schmerzen standhalten. Doch wenn eine leichte Grippe ihren Körper befällt, sie Zahnschmerzen plagen oder sie ihren kleinen Zeh am Bettkasten stoßen, dann wünschen sich am liebsten ganz schnell in die Arme einer verständnisvollen Frau, um getröstet und umsorgt zu werden. Warum ist das so? Ich habe keine Ahnung. Ich glaube nur, dass es einen guten Grund dafür gibt, warum Frauen und nicht Männer Kinder zur Welt bringen. Vermutlich wären wir alle schon längst ausgestorben, wenn die Herren diese Aufgabe übernommen hätten.

Manchmal ist es auch besser, keine Antworten auf eine Frage zu finden und durch die Welt zu schreiten nach dem Motto: »Wenn ich mir die Hände vor die Augen halte, dann kann mich auch niemand finden.« Liebe Antwort, meine Augen sind verschlossen, und du findest mich ganz gewiss nicht!

Warum gehen Männer ungern zum Arzt?

Gesundheitsvorsorge ist den meisten Männern ein Fremdwort. Für was soll man schon vorsorgen? Ein Mann handelt nach dem Grundsatz: Was sich mir in den Weg stellt, wird entweder beseitigt oder ignoriert. Ein Mann steigt erst dann aus seinem »Gesundheitsauto« aus, wenn der Baum der Krankheit ihm so den Weg versperrt, dass es keine Umwege mehr gibt. Zuerst wird er dann an der Schnur einer Kettensäge ziehen, um das Hindernis schnellstmöglich selbst radikal zu beseitigen. Das funktioniert auch manchmal und irgendwie.

Den Weg zum Arzt finden die meisten Männer erst dann, wenn gar nichts mehr geht – wenn die Prostata kein Sperma mehr liefert, der Hexenschuss zum Bandscheibenvorfall geworden ist oder sich die entzündete Wunde in eine Blutvergiftung verwandelt hat. Unter Medizinern heißt es, Mannsein an sich ist schon ein Risikofaktor für die Gesundheit. Warum nur haben Männer so eine Aversion gegen Arztbesuche?

In erster Linie liegt es wohl daran, dass Männer ein anderes Körperbewusstsein haben als Frauen. Während Frauen Körpersignale ernst nehmen und darauf entsprechend und in der Regel frühzeitig reagieren, verwenden Männer ihren Körper meist nur, um ein bestimmtes Ziel zu erreichen. Sie sind auch viel mehr dazu bereit, Risiken einzugehen. Studien haben zum Beispiel gezeigt, dass Männer doppelt so lange wie Frauen brauchen, bis sie zum Arzt gehen, wenn sie Blut im Stuhl entdecken. Krankheiten und Schwäche zu zeigen, das gehört einfach nicht ins Programm des starken Geschlechts. Fragt man Männer, wie es ihnen geht, antworten sechzig bis siebzig Prozent: gut. Dabei haben sie eine um rund sechs Jahre geringere Lebenserwartung als Frauen.

Ich persönlich glaube, dass Männer darüber hinaus Angst um ihre Autonomie und ihre Männlichkeit haben. Sie möchten einfach nicht, dass ein Urologe ihnen an den Hoden herumfummelt – es sei denn, sie hat lange Beine, rotlackierte Fingernägel und erweckt den Anschein, als kenne sie sich sehr gut aus.

Warum möchte Er nicht, dass Sie sein Auto fährt, und Sie nicht, dass Er den Kinderwagen schiebt?

Es soll Männer geben, die zu ihrem Auto eine engere Beziehung haben als zu ihrer Frau. Sie scheinen ein bislang unentdecktes Emotionszentrum zu besitzen, das aktiviert durch technisches Kindchenschema den materiellen Versorgungsdrang auslöst, indem es augenblicklich Signale sendet, wenn das süße Autolein nach Öl für den Motor oder Luft für die Reifen schreit. Für manch einen mag es schwierig nachzuempfinden sein, dass ein bisschen Blech so eng mit der männlichen Gefühlswelt verbunden zu sein scheint. Aber das Auto ist eben sein »Baby«, und wenn er es fährt, wird es zu seinem ganz persönlichen Kinderwagen!

Männer haben Angst um ihre »Babys«, wenn diese von Frauen in Besitz genommen werden, weil sie wissen, dass Frauen die tiefe emotionale Bindung zu ihrem Liebling fehlt. Für die allermeisten Frauen sind Autos schlicht Gebrauchsgegenstände, die auch mit kleineren Dellen und weniger Reifenprofil noch ihre Schuldigkeit tun.

Weitaus aufmerksamer reagieren diese Frauen allerdings, wenn der Mann einen echten Kinderwagen schieben soll. Schließlich weiß sie intuitiv – was meine Recherchen ans Tageslicht befördert haben –, dass:

1. Männer mehr auf den Kinderwagen als auf den Inhalt achten.

2. Männer den Kinderwagen so fahren wie ihr Auto: immer mit Vollgas, bei ständigem Austesten der Stoßdämpfer und unter Kontrolle der Fliehkräfte in den Kurven.

3. Männer den Kinderwagen als fahrenden »Kontakthund« benutzen und mit ihm allein unterwegs schnell ins Visier anderer Frauen kommen.

Ist Multitasking weiblich?

Die Fähigkeit des Multitaskings gehört eindeutig zu den Stärken der Frauen. Eine Frau kann nahezu alles gleichzeitig: dem Baby den Brei geben, dabei mit der Freundin telefonieren, die Fingernägel lackieren, den Vogelkäfig saubermachen und einem Zehnjährigen die Bruchrechung erklären.

Das alles schafft sie nicht irgendwie, sondern mit Bravour. Bei der Raubtierfütterung trifft sie mit einem Löffel voller Brei exakt den Mund des Babys, obwohl ihre Freundin ihr gerade beichtet, dass sie eine Affäre mit dem verheirateten Nachbarn hat, während sie gleichzeitig die Fehler im Matheheft mit einem Textmarker anstreicht und dabei den Papagei schnell am Kragen packt, sollte er es wagen, aus dem Käfig auszubüchsen, während sie diesen säubert.

Ein Mann in einer solchen Situation würde für sich und alle Beteiligten das pure Chaos bedeuten. Vermutlich würde er den Papagei mit seinem Textmarker bemalen und das Baby mit dem Telefonhörer füttern.

Während Frauen mit beiden Gehirnhälften gleichzeitig denken, arbeitet das männliche Gehirn verstärkt lateral, also einseitig. Verschiedene Aufgaben werden stärker zwischen beiden Gehirnhälften aufgeteilt. Männer sind also weniger fähig zum Multitasking, das heißt, sie können nicht gleichzeitig reden, während sie eine Glühbirne wechseln.

In einer Hinsicht jedoch verfügen auch manche Männer über Multitasking-Fähigkeiten: beim Fremdgehen! Obwohl sie dabei mehrere Frauen gleichzeitig koordinieren und alle

Treffen so arrangieren müssen, dass sie stets einem drohenden Misstrauen unbehelligt entwischen können, scheint ihnen diese Form der parallelen Handlungsausübung zu liegen.

Was muss Sie tun, damit Er wirklich das mitbringt, was auf dem Einkaufszettel steht?

Sie wünscht sich zum Geburtstag eine Yogamatte von ihm. Er zieht los und überreicht ihr am nächsten Tag stolz sein Geburtstagsgeschenk. Erwartungsvoll packt sie das Päckchen aus und findet darin einen blau-gelben Teppich eines schwedischen Einrichtungskonzerns vor, der fast die Maße einer Yogamatte besitzt. Immerhin. Auf ihren enttäuschten Gesichtsausdruck – so sie sich mit vorwurfsvollen Worten zurückhalten kann – folgt ein unschuldiges Schulterzucken des Mannes, der das Konfliktpotential der Situation nicht erkennt.

So oder so ähnlich verlaufen nicht nur die Geburtstage einmal im Jahr, sondern auch alltägliche Einkäufe, die Männer meist nur in Notfällen übernehmen – es sei denn sie führen in den Baumarkt. Da kommt es schon mal vor, dass die Frau ihr Lieblingsshampoo auf dem Einkaufszettel notiert und – um sicherzugehen, dass auch wirklich das gewünschte Produkt im Einkaufswagen landet – eine kurze Beschreibung der Flaschenfarbe und -form und des Standorts hinzufügt: »Ferrari-Rot, geschwungene Kurvenform, gegenüber Zeitschriften«.

Und womit kehrt der Mann zurück? Glücklich kann sie sich schon schätzen, wenn er Duschgel mit nach Hause bringt (das er auch für seine Haare verwendet, weil er Shampoo für Geldmacherei hält). Hierbei handelt es sich zumindest um ein Produkt aus der Drogerieabteilung und nicht um einen italienischen Aperitif, der zwar eine hohe Farbübereinstimmung aufweist, für die Haarwäsche aber weniger taugt.

Das Highlight an Diskrepanz zwischen Einkaufszettel und Beute präsentierte mir ein junges Paar. Während einer Lesung waren wir gerade bei den gängigen Frauen-Männer-Klischees angelangt, als die junge Frau unser Gespräch um folgende herrliche Geschichte bereicherte und damit ein landläufiges Klischee bestätigte. Ihr Mann sollte ihr u. a. »Slipeinlagen« mitbringen, was sie auch deutlich lesbar auf der Einkaufsliste aufgeführt hatte. Als er schwer bepackt nach Hause kam und mit einem großen Seufzer die Einkäufe auf den Küchentisch hievte, sichtete sie gleich die Tüten, um festzustellen, dass sie zwar ziemlich voll waren – nur leider keine Slipeinlagen enthielten. Dafür fanden sich neben vielen Dingen, die gar nicht auf dem Einkaufszettel standen – allen voran eine Hundebürste (sie hatten kein Haustier) und andere sehr bunte Produkte einer großen Kaffeerösterei – auch ein paar Schuheinlagen. Als sie ihn daraufhin zur Rede stellte, zeigte er auf einen Artikel auf der Liste und es stellte sich heraus, dass er anstelle von »Slipeinlagen« »Schuheinlagen« gelesen hatte. Nachdem sie ihm ziemlich genervt seinen Fehler klargemacht hatte, verteidigte er sich mit der Kenntnis ihrer richtigen Schuhgröße und verwies trotzig auf den Vorteil von Schuheinlagen: »Die kannst du nach Gebrauch auswaschen und wieder verwenden.«

Was bleibt also für die Frau zu tun, damit er ihr auch tatsächlich die richtigen Dinge von seinem Einkaufsbummel mitbringt? Es ist sicherlich hilfreich, dass sie ihn ein paar Mal zum Supermarkt begleitet, um ihm eine Einweisung zu geben. Nach zirka sechs bis acht Einheiten sollte die Frau ihrem Mann vertrauen und ihn mit einem leserlichen und nicht allzu langen Einkaufszettel (am Anfang maximal sieben Artikel) alleine losschicken. Zusätzlich motivierend ist eine Belohnung bei richtigem Einkauf. Hier dürfen die Frauen ihrer Phantasie freien Lauf lassen. Sollte sich sein Einkaufsverhalten trotz Einweisung und Belohnung nicht verbessern, dann stehen die Chancen erheblich höher, wenn die Frau sich einen Golden Retriever zulegt, der die Einkäufe für sie erledigt (die Bürste hat sie ja schon!), und sein Leckerli ist bestimmt kostengünstiger als das fürs Herrchen.

Warum fällt es Ihm nicht auf, wenn Sie beim Friseur war?

In einem Seminar erzählte mir eine Frau, dass sie nach dreißig Jahren endlich gewagt hatte, sich die Haare raspelkurz zu schneiden. Sehr zufrieden mit dem Ergebnis, kam sie erwartungsfroh vom Friseur nach Hause. Ihr Gatte aber schien nichts zu bemerken, mit keinem Wort erwähnte er ihre neue Frisur. Zuerst dachte sie, ihm gefiele vielleicht ihr neues Aussehen nicht. Aber er benahm sich so neutral, dass sie diesen Gedanken wieder verwarf und geschlagene zwei Wochen über die eigentlichen Gründe grübelte: »Vielleicht bin ich ihm nicht mehr wichtig! Vielleicht liebt er mich nicht mehr und ist nur noch aus Gewohnheit mit mir zusammen!« Nach einigen Tagen gesellte sich zu ihrem Unverständnis Wut. »Wie kann es nur sein, dass er diese große Veränderung an mir nicht bemerkt, es ihm aber immer sofort auffällt, wenn ich während seiner Abwesenheit in seinen Hobbykeller nur hineinschaue. Ist ihm sein Werkzeug wichtiger als ich?«, schimpfte sie in sich hinein. Die kreisenden Gedanken fraßen sie nahezu auf, und von Tag zu Tag entkräftete sie mehr. Sie beschrieb ihren Zustand als echte Bedrohung für die Beziehung. Nach zwei Wochen endlich stellte sie ihren Mann zur Rede. Erschrocken über ihren Zustand und das Maß ihrer Kränkung beteuerte er ihr, dass er ihre neue Haarfrisur nicht bemerkt habe, dass er sie über alles liebe, und bat sie inständig, nicht so viel Negatives in seine unabsichtliche Nichtachtung hineinzulegen.

Auch wenn ein solches Maß an männlicher Blindheit schwer nachvollziehbar bleibt, sollten Frauen immer auch banale Gründe ins Auge fassen, bevor sie Beziehungsprobleme hinter einem bestimmten Verhalten vermuten und tagelang Zweifel und Wut in sich hineinfressen. Die Folge ist nur der Aufbau eines großen Explosionspotentials, das die Beziehung auch sprengen könnte. Einigen Männern ist die Frisur ihrer Frau tatsächlich nicht so wichtig, vor allem, wenn die Veränderungen nicht so auffällig sind. Vielleicht hängt diese Frisurblindheit damit zusammen, dass Männer der Gestaltung ihrer eignen Haarpracht in der Regel auch keine allzu große Bedeutung beimessen. Mein Tipp: Wer als Mann auf Nummer sicher gehen möchte, handelt am besten mit dem Friseur seiner Frau den Deal aus, dass er ihn jedes Mal informiert, wenn sie mit neuer Frisur den Salon verlässt.

Aufgrund dieser Frisurblindheit, für die er ja nicht so viel kann, sollte eine Frau ihren Mann auch mit einem Kuss belohnen, wenn er nach dem Friseurbesuch zu ihr sagt: »Irgendetwas an dir ist anders!« Allein diese relativ unspezifische Aussage bedeutet den Jackpot für die Frau: ein aufmerksamer Mann! Der Mann bleibt auch dann ein Jackpot, wenn er gar nicht darauf kommt, dass sie ihre Haare verändert, sondern eher darauf tippt, dass sie sich eine neue Bluse zugelegt hat. Zumindest fällt ihm eine Veränderung auf.

Vielleicht ist es aber gar nicht so wichtig, eine Antwort auf die Blindheit der Männer zu finden. Vielleicht sollten Frauen sich eher die Frage stellen, warum es für sie so wichtig ist, eine positive Resonanz auf eine in ihren Augen ja zufriedenstellende Veränderung ihrer Person zu bekommen. Genügt ihnen denn der Blick in den Spiegel nicht?

Wie steht Er Ihr beim Shoppen hilfreich zur Seite?

»Soll ich zuerst das Cocktailkleid anprobieren, in Türkis oder passend zum Nude-Look, oder besser erst die Wedges oder doch die Open-toe-Booties mit den gelben oder den schwarzen Absätzen? Vielleicht sollten wir aber auch später auf dem Rückweg noch mal vorbeischauen, und ich hole mir vorher den beigefarbenen Tweed. Oder fandest du den roten Dufflecoat besser?«

Was sich für einen Mann anhört wie Alkohol mit Kartoffelecken, das Nachfolgemodell von Twingo oder eine irische Biersorte, entpuppt sich schnell als Kleid, Schuh und Mantel. Dass einem Mann bei diesen Ausdrücken ganz schwindelig wird, kann auch der verstehen, der noch nie eine Frau auf einer Shoppingtour begleitet hat.

Grundsätzlich muss ein Mann Abschied von der Vorstellung nehmen, dass sie beim Einkaufen genauso agiert wie er. Der Mann weiß nämlich im Vorfeld schon, was er kaufen will. Er geht in einen Laden, in dem er ein seinen Vorstellungen entsprechendes Produkt vermutet (oft hat er das zuvor im Internet oder telefonisch gecheckt), und kauft es, ohne es vorher an- oder ausprobiert zu haben (er hat ja bereits die Kundenbewertungen dazu gelesen). Kein unnötiges Tamtam, kein Meinst-Du-wirklich- oder Soll-ich-lieber-Gefrage.

Wenn ein Mann aus welchen Gründen auch immer seine Frau bei ihrer Shoppingtour begleiten will oder muss, dann sollte er sich etwas darauf vorbereiten. Zum Beispiel, indem er sich ein paar grundlegende Begriffe aus der Welt der Mode und Düfte aneignet. Hier geht es um Hochfrontpumps, Mary Janes, Peeptoes, Chap-Boots und Overkneestiefel, meine Herren. Kennt ein Mann den Unterschied zwischen diesen Schuhmodellen, könnte diese Kenntnis seine Liebste durchaus beeindrucken. Es ist dann an ihm, ihr beratend zur Seite zu stehen und ihr fachmännisch Ratschläge zur bestmöglichen Kombination des Outfits geben zu können.

Shoppen funktioniert am besten, wenn er sich für sie und ihre Wünsche wirklich und geduldig interessiert. Also bitte großzügig Zeit einplanen und auf strapaziöse Termine vorher und nachher verzichten. Eine solche Einkaufstour kann einen Mann an die Grenzen seiner physischen und psychischen Leistungsfähigkeit bringen. Beim Anprobieren sollte er ehrlich seine Meinung äußern (alles andere würde sie sofort merken), dabei aber immer charmant bleiben und auch genau auf seine Formulierungen achten. Sätze wie: »Die Hose macht deinen Hintern irgendwie dick!« sind ein absolutes No-go, wesentlich konstruktiver dagegen: »In der anderen Hose kam dein knackiger Po viel besser zur Geltung.« Die Wahl der Worte trägt enorm dazu bei, dass die Frau sich wohl fühlt und der Einkauf zum Erfolgserlebnis wird. Und wir wissen ja, was alles passieren kann, wenn dieses Gefühl noch bis zum Abend anhält.

Warum freuen sich Männer nicht, wenn Frauen ihnen Blumen schenken?

Obwohl der Mann sich gerne in und mit der Natur misst, versteht er Blumenschenken als ein Frauen-Ding, das alles andere als männlich ist. Für die meisten Männer sind Blumen nichts Handfestes, obwohl sie sie in Händen halten können. Was kann man mit Blumen schon anstellen, was können sie, wofür sind sie gut? Man kann auf ihnen keine Daten speichern, nichts an ihnen herumbasteln, sie nicht zum Kühlen in den Kühlschrank legen, und als Statussymbol eignen sie sich auch nicht! Man kann sie nur betrachten. Doch wozu müssen sie dann erst gepflückt werden? Die einzige Blüte, die der Mann gerne ansieht, ist die Blüte Frau, die er noch viel lieber in seinen Händen hält.

Da der Mann aber weiß, dass Frauen Blumen lieben, könnte er sich die Welt der Blumen einfallsreich zunutze machen. Anstatt ihr einfach Blumen zu kaufen und in eine Vase zu stellen, könnte er mit seiner Liebsten durch eine Blumenwiese spazieren, ihre Hand nehmen und sie sanft über die zarten Blütenblätter streichen lassen. Nur zu, Mut zu Neuem! Ihr könnt damit nichts anfangen? Egal, macht es einfach!

Spaziere im Regen, rieche an den Blumen, bleibe am Wegrand stehen, baue Sandburgen, gehe auf Wanderschaft, finde heraus wie Dinge funktionieren, erzähle Geschichten, sprich die magischen Worte, vertraue dem Universum. Mark Twain

Warum hören Männer nie richtig zu?

Männer arbeiten eine Baustelle nach der anderen ab. Stellt sich ihnen ein Problem in den Weg, wollen sie möglichst schnell zu einer Lösung gelangen. Binnen kurzer Zeit haben sie diese in der Regel gefunden. Sie ist meist so konzipiert, dass sie alle Schwierigkeiten, die sich auf dem Lösungsweg ergeben könnten, erst einmal unbeachtet lässt, um möglichst schnell das Ziel zu erreichen.

Ein Mann hört einer Frau in der Regel so lange zu, bis er seiner Ansicht nach das Kernproblem erfasst hat. Dann wird er, seiner Logik entsprechend, auf die Suche nach einer Lösung gehen. Frauen möchten sich aber über die verschiedenen Lösungsansätze austauschen, Ziele formulieren und wieder verwerfen und alles nochmals von ganz vorne aufziehen.

Frauen sind nicht so stark zielfixiert, sondern ebenso wichtig wie das Ergebnis ist für sie, alle Eventualitäten, die ihnen auf dem Weg dorthin begegnen könnten, bedacht und im Vorhinein auch schon Lösungen für sie gefunden zu haben. Ein »Schaun-wir-dann-mal« reicht ihnen nicht, und dass ihr männliches Gegenüber nach wenigen Minuten abschaltet und ihnen nicht mehr zuhört, verstehen sie als persönlichen Affront.

Es gibt noch einen anderen Erklärungsansatz, warum Männer bei Frauen so schnell weghören: Das männliche Gehirn soll nämlich Schwierigkeiten haben, die weibliche Stimme zu verstehen. Zu diesem Ergebnis kamen Wissenschaftler der Universität Sheffield bei der Auswertung der Hirnaktivitätsmessungen von Männern, denen die Aufnahmen von männlichen und weiblichen Stimmen vorgespielt wurden. Dabei zeigte sich, dass – abhängig von Männer- oder Frauenstimme – verschiedene Regionen des männlichen Gehirns aktiviert wurden. So verursachten zum Beispiel Frauenstimmen ähnliche Reaktionen im Gehirn des Mannes wie beim Hören von Musik. Grund dafür ist nach

59

Meinung der Wissenschaftler die größere Komplexität der weiblichen Stimme. Frauen erzeugen beim Sprechen eine größere Vielfalt an Klangfrequenzen, die vom männlichen Gehirn dann verarbeitet werden müssen. Die Wissenschaftler vermuten, dass das Wahrnehmen von weiblichen Stimmen eine höhere Hirnaktivität erfordert und somit zu einer schnelleren Ermüdung führt – mit der Konsequenz, dass der Mann der Gesprächspartnerin nicht mehr folgen kann.

Wieso erinnern sich Frauen immer an alles?

Ein Paar feiert mit Freunden und Familie seine Silberne Hochzeit und soll zum wiederholten Mal die Geschichte seines ersten Kennenlernens erzählen. Während die Frau anfängt, das Ereignis vor den Augen der Zuhörer zu entfalten, ist er vollkommen beeindruckt über die Tatsache, dass sie noch haargenau weiß, welchen Pullover er an diesem Abend trug, dass es anfing zu regnen, als sie aus dem Auto zum Restaurant liefen, und er ihr während des Essens – sie waren beim Mexikaner – aus Nervosität eine Geschichte zweimal erzählte. Er hingegen kann sich nur noch daran erinnern, wie sexy sie aussah, und an seine Bemühungen, die fast alle darauf abzielten, den Abend entweder bei ihr oder ihm fortzusetzen.

Nach wissenschaftlichen Studien haben Frauen im Verhältnis zum restlichen Gehirn einen größeren Hippocampus, der dafür verantwortlich ist, dass sie sich besser an

Einzelheiten erinnern können. Frauen sollten also Nachsicht mit ihren Männern haben. Wieder einmal können sie einfach nicht anders.

Sind Konflikte zyklisch?

»Ich fühle mich fremdgesteuert.« »Es ist, als hätte ich ein Brett vor dem Kopf.« »Ich bin bereit, Messer zu werfen.« »Ich kann nichts. Ich bin nichts. Ich hasse mein Leben.« Von vielen meiner Athletinnen habe ich über Jahre hinweg immer wieder vor der nahenden Menstruation solche Aussagen gehört. Die Tage vor den Tagen kann ich als Trainer fast schon erspüren und brauche inzwischen keinen Kalendereintrag mehr, der mich vor diesem Ausnahmezustand warnt. Die Sportlerinnen bewegen ihre Körper ganz anders. Ihre Koordination läuft nicht so geschmeidig wie sonst und ihr Bewegungsablauf kommt ins Stocken. Oftmals sind sie nicht in der Lage, sich auf den Punkt zu konzentrieren, ihr Gehirn erscheint verweichlicht und träge.

Das Prämenstruelle Syndrom (PMS) ist äußerst komplex und kann ganz unterschiedlich ausgeprägt sein. Einige Frauen haben kaum Beschwerden, andere sind im Alltag stark eingeschränkt. Unberechenbare, sich selbst überfordernde Reaktionen sind das Heimtückische am PMS. Sonst ausgeglichene Charaktere, die leistungsfähig, intelligent, zuverlässig und engagiert sind, erkennen sich oft selbst nicht wieder. Somit ist bei Frauen eine gewisse Konfliktanlage tatsächlich zyklisch.

Die Angaben zur Häufigkeit des PMS schwanken erheblich, man kann davon ausgehen, dass rund die Hälfte aller Frauen im gebärfähigen Alter davon betroffen sind, rund ein Viertel davon stark. Die genauen Ursachen des PMS sind bis heute nicht eindeutig geklärt. Wahrscheinlich sind mehrere Faktoren beteiligt. Von einer hormonellen Beeinflussung ist auszugehen.

In der Mitte des Zyklus erreicht die Östrogenproduktion ihren Höhepunkt. Dann ist häufig auch der Dopamin- und Oxytocinspiegel auf dem höchsten Niveau angelangt. In einem Buch über Hormone habe ich gelesen: »Östrogen wirkt auf Zellen wie Dünger.« Nicht nur die sprachliche Gewandtheit steigert sich dann auf einen maximalen Level, sondern auch das Bedürfnis nach Vertrautheit. Oft schon habe ich erlebt, dass ich in diesen Tagen der sprachlichen Überlegenheit einer Frau nicht gewachsen war, aber gleichzeitig ihren Bedürfnissen nach körperlicher Nähe und rhetorischem Verständnis Rechnung tragen musste. Frauen berichteten mir, dass sie sich in den ersten beiden Wochen ihres Zyklus allgemein lockerer und umgänglicher fühlen. Ihr Gehirn gewinne an Scharfsinn und seine Funktion verbessere sich.

Am vierzehnten Tag erfolgt der Eisprung. Die Eierstöcke schütten Progesteron aus, das die Düngewirkung des Östrogens aufhebt. Progesteron wirkt – um beim Bild zu bleiben – eher wie ein Unkrautvernichtungsmittel auf die neu gewachsenen Verbindungen im Hippocampus. In den letzten beiden Wochen übt das Progesteron zunächst eine beruhigende Wirkung auf das Gehirn aus. Unmittelbar vor Beginn der Regel kommt es im Gehirn zu einem gewissen Hormonentzug, was manchmal reizbarer, unkonzentrierter und langsamer macht. Da diese hormonell bedingten Reaktionen nachgewiesen sind, ist es Frauen, die ein Verbrechen während einer PMS-Phase in Frankreich oder England begangen haben, gelungen, sich erfolgreich zu verteidigen. Sie plädierten auf vorübergehende Unzurechnungsfähigkeit.

Frauen, deren Eierstöcke besonders viel Östrogen und Progesteron produzieren, sind weniger stressanfällig, weil ihre Gehirnzellen Serotonin enthalten, eine Botensubstanz, die angenehme Gefühle erzeugt. Umgekehrt reagieren Frauen mit niedrigem Östrogen- und Progesteronspiegel stärker auf menstruelle Veränderungen, da ihre Serotoninkonzentration nur einen relativ geringen Wert erreicht.

Was kann man gegen das PMS tun? Mediziner verordnen Medikamente gegen die Stimmungsschwankungen. Die Einnahme der Langzeit-Verhütungspille bewirkt ein konstantes Niveau des Hormonspiegels. Allerdings dürften ihre Nebenwirkungen – wie z. B. Wassereinlagerungen ins Gewebe, Gewichtszunahme und Akne – nicht gerade zur Aufhebung der depressiven Stimmung beitragen. Es gibt auch vielfältige Ernährungs- und Diätempfehlungen, die die Symptome des PMS mildern sollen. Eine Empfehlung, die ich meinen Athletinnen gebe, ist, sich sorgfältiger als gewöhnlich zu beobachten. Während zwei bis sieben Tagen vor dem Eintreten der Menstruation sollten sie keine wichtigen Entscheidungen treffen. Tendenziell hilft es, über Stimmungsstörungen Kalender zu führen, damit man vor Beginn der nächsten Phase gewappnet ist und die damit einhergehenden emotional meist belastenden Empfindungen richtig einzuordnen weiß.

Haben Männer auch ihre Tage?

Das Klischee vom rational und vorhersehbar handelnden Mann, der Enttäuschungen und Frustrationen mit sich allein ausmacht und nach außen immer kontrolliert und souverän bleibt, wurde für mich sehr eindrücklich und nachhaltig von einem meiner ehemaligen Nachbarn widerlegt. Nahezu einmal im Monat konnte ich von meiner Wohnung aus beobachten, wie er mit rotem Kopf und schnellem Schritt das Haus verließ, um sich auf seinen Rasenmähertruck zu schwingen und stupide seine Bahnen zu fahren, ohne auch nur einmal nach rechts oder links zu sehen. In den sechs Jahren, in denen ich seine Nachbarschaft genoss, überfuhr und zerfetzte er sieben Stofftiere seiner Tochter, rammte zwei Mal den Steinofen seines Gartens, fuhr einmal mit Absicht über die selbst bestickte Tischdecke der Schwiegermutter, erwischte die Inlineskates des Sohnes und verwandelte vier von acht fahrbaren Reifen in unbrauchbaren Restgummi. An schlimmen Tagen warf er manchmal leere Dosen vor sein Gefährt, damit es ordentlich knallte und schepperte und das Metall durch das wirbelnde Messer feuerte, wenn er drüber fuhr. Aber selbst diese Show konnte er noch toppen, indem er die leeren Dosen gegen volle Dosen austauschte und sich an deren Zischen und Explodieren erfreute.

Auch in den Wintermonaten sah er keinen Grund, mit seiner Rasenmäher-Kunst aufzuhören. Er stellte sich anscheinend einfach vor, dass der Schnee Gras wäre, das es ebenso gründlich zu mähen galt.

Als ich seine Frau einmal auf der Straße traf, sprach ich

sie vorsichtig auf das eruptive Verhalten ihres Mannes an. Sie beteuerte mir sehr glaubwürdig, dass er eigentlich ein liebender Familienvater und auch ein aufmerksamer Ehemann sei. Dass es nur ab und zu mit ihm durchgehe und er dann irgendetwas zum Luftablassen brauche. In den ersten Jahren ihrer Ehe versuchte sie noch, das Verhalten ihres Mannes zu steuern und seine monatlichen Eskapaden irgendwie zu unterbinden, was alles allerdings nur noch viel schlimmer machte. Mittlerweile habe sie sich damit arrangiert und lasse ihn alleine, wenn sie spüre, dass ein solcher Ausbruch bevorstehe. Ich fragte sie, wann dieses Verhalten begonnen habe. Darauf erzählte sie mir eine unglaubliche Geschichte: »Mein Mann besaß früher einmal Zuchtkaninchen. Sie waren sein ganzer Stolz. Er baute paradiesische Unterkünfte für sie und widmete ihnen oftmals mehrere Stunden am Tag.« Wegen der Kaninchen fuhren sie damals auch sehr selten in Urlaub und wenn, dann nur übers Wochenende, weil ihr Mann die Tiere nur ungern länger Fremden anvertrauen wollte. »An einem Wochenende wollten wir endlich mal wieder gemeinsam verreisen. Mein Mann übergab seinem Freund, der ums Eck wohnte, schweren Herzens den Schlüssel zur Kaninchenwelt, mit der Bitte, dass er gut für die Tiere sorgen möge.« Der Freund versprach, sich um die Kaninchen gut zu kümmern, was er auch tat. Am Tag der Rückkunft jedoch erwischte der Freund seinen Schäferhund, wie er schwanzwedelnd mit einem Kaninchen im Maul durch seinen Vorgarten spazierte. Das weiße Fell des Kaninchens war mit schmutziger Erde bedeckt, Sabber vom Hund klebte überall an ihm, und das Prachtexemplar ließ leblos den Kopf hängen. Der Freund wollte seinen Augen nicht trauen. In Panik riss er dem Hund das Kaninchen aus dem Maul, steckte es ins Waschbecken und schrubbte es mit einer Shampooladung sauber. Dann föhnte er das tote Langohr trocken, legte es in Windeseile und schweißgebadet in seinen Käfig zurück und betete, dass niemand etwas von dem unnatürlichen Tod des Kaninchens merken würde.

»Bei unserer Ankunft«, erzählte mir die Frau weiter, »übergab der Freund den Schlüssel mit den Worten, dass alles in bester Ordnung sei, die Kaninchen schon frisches Wasser und zu essen bekommen hätten und dass man heute nicht mehr nach ihnen schauen müsse. Dann verschwand er schnell wieder. Ich trug die Reisetaschen ins Haus, kippte die Fenster, um ein wenig durchzulüften, und hörte bald darauf den Schrei meines Mannes. Er stürmte zu mir ins Haus und rief mir zu: ›Du glaubst nicht, was passiert ist!‹ In der Hand hielt er sein geliebtes Kaninchen, das nach Mandeln duftete, aber sein Köpfchen hängen ließ. ›Es ist wieder da!‹, stotterte er. Und schon lief er zu seinem Freund, polterte an seine Haustür und schrie: ›Du glaubst nicht, was passiert ist. Mein Kaninchen ist wieder da! Ein Wunder! Es lebt zwar immer noch nicht, doch duftet es dafür himmlisch!‹«

Was der arme Mann nicht wusste, war, dass das Kaninchen bereits vor der Abreise meines Nachbarn gestorben war. Dieser war darüber so traurig gewesen, dass er seiner Frau vorschlug, ein Wochenende mit ihm zu verreisen, um sich von dem Schock zu erholen. Anschließend hatte er das Tier im hinteren Teil des Gartens vergraben und ihm die letzte Ehre erwiesen. Der Freund staunte nicht schlecht, als er die Geschichte hörte, traute sich aber nicht, meinem Nachbarn zu erzählen, dass sein Hund das Kaninchen wieder ausgegraben haben musste und er es selbst sauber geschrubbt hatte.

»Erst nach sieben Jahren fasste er auf dem Geburtstag meines Mannes seinen ganzen Mut zusammen und erzählte ihm die Geschichte. An diesem Tag stieg mein Mann zum ersten Mal und mit großer Entschlossenheit auf seinen Rasenmäher, jagte zuerst den Hund des Freundes, um schließlich sein nagelneues Auto zu rammen«, beendete die Frau achselzuckend ihre Geschichte.

Ja, Männer haben genau wie Frauen auch ihre Tage. Auch wenn natürlich nicht jeder gleich auf seinen Rasenmäher steigt.

Sind Männer selbstsicherer als Frauen?

Viele Männer würden mir wahrscheinlich recht geben, dass sie zwar nicht auf allen Ebenen selbstsicherer als ihre Partnerin sind, auf jeden Fall aber wesentlich weniger an sich zweifeln. Das mag wohl primär an ihrer hormonellen Beschaffenheit liegen, die keinen Raum bietet für feines Federspiel. Zweifeln gehört eher in das undurchdringbare Revier des Östrogens als auf den offenen Marktplatz des Testosterons.

Sieht eine Frau zum Beispiel nach einer durchtanzten Nacht am nächsten Morgen mit Augenringen und zerzausten Haaren in den Spiegel, dann vermeidet sie tunlichst den Gang vor die Tür. Der Mann hingegen schlendert im gleichen Fall leger durch die Fußgängerzone und sieht auch dann keinen Grund zur Scham, wenn ihn jemand auf den verräterischen Kissenabdruck in seinem Gesicht und den Urwald-Style seiner Haare anspricht. Warum auch? Im Gegenteil – eine Nacht nur Party, das macht doch den lässig-coolen Typen von heute aus. Vergleiche mit einem heruntergekommenen Landstreicher vonseiten der Schwiegereltern oder das Interesse eines Stinktiers, das ihn auf Grund seines strengen Geruches zum Paaren auserwählt, bringen sein Selbstwertgefühl nicht zum Bröckeln.

Männer sind auch sonst sehr von sich und ihrer Meinung überzeugt. Wenn ein Mann entscheidet, dass es am nächsten Tag nicht regnen wird, dann wird es auch nicht regnen. Wenigstens in seiner Wahrnehmung. Fröhlich stapft er dann durch die Pfützen und wundert sich, wo denn das ganze Wasser herkommt. Wenn eine Frau hingegen entscheidet, dass es am nächsten Tag nicht regnen wird, dann darf man sicher sein, dass sie trotzdem einen Schirm, einen Regenponcho und zur Not auch noch Gummistiefel mit sich tragen wird.

Machen sich Frauen mehr Gedanken als Männer?

Ich saß wie so oft in meinem Lieblingsrestaurant in Mainz am Rhein. Mir gegenüber saß eine Journalistin, die ihr Diktiergerät auf dem Tisch aufbaute, ihren Notizblock zückte und mir eine Frage nach der anderen stellte. Den Schwerpunkt ihrer Geschichte wollte sie auf das Frau-Mann-Denken legen. Sie wünschte ein Beispiel nach dem anderen zu hören und stellte Fragen wie: »Ist es als Mann im Alltag einfacher? Warum sollten Sie Frauen heute helfen können? Was sagen Männer zu Ihrem Schritt?«

So ging es endlos weiter, wie mir schien. Nachdem ich alle Fragen brav und nach bestem Gewissen beantwortet hatte, verabschiedeten wir uns voneinander, und sie versprach, mir ihre Story in ein paar Tagen zur Freigabe zuzusenden. Vier Tage später landete eine E-Mail von ihr in meinem Postfach. Ich las ihren Text neugierig durch und war bis auf ein paar Kleinigkeiten sehr zufrieden mit ihrem Artikel. Ich antwortete ihr ohne höfliche Anrede, wie ich es sonst immer tue, sondern formulierte in meiner Antwort nur eine einzige Frage, die lautete: »Ist das der Artikel, der morgen in Ihrer Zeitung erscheinen soll?«

Diese kargen Zeilen schickte ich ohne Verabschiedung oder sonstige Freundlichkeiten los.

Weil ich wusste, dass die Journalistin im Büro arbeitete und somit online war, sie aber nicht sofort zurückschrieb, vermutete ich, dass meine Zeilen sie in irgendeiner Form getroffen haben mussten. Ich ließ ihr zwanzig Minuten Zeit. Dann rief ich sie an. Da sie meine Nummer auf ihrem Display sehen konnte, ging sie verzögert und mit zurückhaltender Stimme ans Telefon. Ich meldete mich ruhig und bedacht mit meinem Namen und fragte sie, was ihr in den letzten Minuten durch den Kopf gegangen sei. Zunächst begriff sie meine Frage nicht. Aber als ich sie bat, mir offen und ehrlich von ihren Gedanken zu erzählen, willigte sie ein.

Als meine E-Mail eingetroffen war, hatte sie diese freudestrahlend geöffnet, weil sie sich sicher gewesen war, eine gute Arbeit abgeliefert zu haben. Doch als sie meine Frage, mit der sie ganz und gar nicht gerechnet hatte, las, schoss eine ungeahnte Welle an negativen Emotionen in ihr hoch, ihr Puls erhöhte sich rapide, und sie empfand eine unangenehme Hitze in ihrer Brustgegend. Sie stellte sich viele selbstzweifelnde Fragen. Hatte sie mich vielleicht falsch verstanden? War der Artikel wirklich so schlecht geschrieben? Warum hatte ich diese Frage nur so formuliert? Was sollte sie jetzt tun? Mich anrufen, Zeit vergehen lassen oder doch lieber zurückschreiben? Ihren Chef um Rat bitten? Und dann sprangen ihre Gedanken auch noch zur kaputten Waschmaschine zu Hause und zu all den anderen Problemen und Dingen, die nicht rund liefen und die sie noch dringend erledigen musste.

Als sie all das geschildert hatte, stellte ich ihr eine Frage, um die Situation aufzuschlüsseln: »Können Sie sich noch erinnern, als Sie mich nach einem Beispiel zu den Unterschieden zwischen Männern und Frauen gefragt haben? Hier haben Sie das beste Beispiel soeben selbst erfahren! Frauen denken mehr und haben dadurch auch mehr Variationsmöglichkeiten zum Zweifeln.«

Mein Experiment war jedoch noch nicht ganz beendet. In der nächsten Woche saß mir am selben Ort ein männlicher Reporter gegenüber. Zügig und unproblematisch verlief unser Gespräch. Ein paar Tage später flog sein Artikel bei mir zur Freigabe ein. Ich hatte noch meine Reporterin im Hinterkopf und benötigte für mein Experiment noch eine männliche Reaktion. Ich war mir nicht ganz sicher, ob der Reporter wegen seiner Schüchternheit und seines recht jungen Alters dafür geeignet war. Doch vertraute ich einfach meiner Intuition. Ich schrieb ihm ebenfalls ohne großartiges Tamtam: »Ist das der Artikel, der morgen in Ihrer Zeitung erscheinen soll?« Und was kam augenblicklich zurück?

»Ja!«

Sind Frauen abhängiger als Männer von der Meinung anderer?

Der Journalist war noch jünger und stand kurz davor, sein journalistisches Studium abzuschließen. Während er mir von sich erzählte, stellte er seine alte, braune Ledertasche auf seinen Oberschenkeln ab und hielt sich mit seinen Armen an ihr fest. Seine Körpersprache verriet mir sein Unbehagen. Ich sprach ihn auf meine Beobachtung an. Er fühlte sich ertappt und gab zu, dass er etwas nervös sei. Ich verstand seine Aufregung nicht ganz und hakte nach. So erfuhr ich, dass er sich vor unserem Gespräch etwas gefürchtet hatte, weil mir mein Ruf vorausgeeilt war: »Sie analysieren die Leute, mit denen Sie sprechen.« Ich wollte ihm ein wenig Ruhe schenken und entgegnete: »Sie brauchen sich keine Gedanken zu machen. Auf mich hinterlassen Sie einen netten und unverkorksten Eindruck. Wenn Sie mögen, sage ich Ihnen gerne, was mir bei Ihnen noch auffällt. Gerne jetzt sofort oder auch später, wie Sie wollen.«

Er wählte einen späteren Zeitpunkt, was ich mir schon gedacht hatte, weil er das Gespräch mit mir perfekt vorbereitetet zu haben schien und keine unerwarteten Verzögerungen wünschte.

Das Angebot, meine Einschätzung zur Person erst zu einem späteren Zeitpunkt offenzulegen, würde ich einer Frau niemals unterbreiten – es sei denn, ich wollte sie aus dem Konzept bringen. Aus meiner Erfahrung heraus haken Männer schneller besprochene Angelegenheiten ab und verfolgen dann weiter ihren ursprünglich geplanten Weg, ohne sich zu dadurch beeinflussen zu lassen. Eine Frau dagegen wäre so lange blockiert, bis ich ihr meine Einschätzung über sie mitgeteilt und sie die Gelegenheit gehabt hätte, diese zu verarbeiten. Selbst dann, wenn sie versuchte, über mein Angebot hinwegzusehen, würden ihre Gedanken immer wieder um die Frage kreisen, was ich wohl von ihr hielte. Nicht, weil ich persönlich für sie so wichtig wäre, sondern weil grundsätzlich Meinungen anderer Menschen über sie selbst eine große Bedeutung für ihre Selbstwahrnehmung haben.

Der junge Reporter hingegen war nach der Absprache erleichtert, stellte seine Ledertasche auf den Boden und sprach offen eine weitere Verunsicherung an: »Zusätzlich machte ich mir meine Gedanken darüber, wie ich reagieren soll, wenn Sie genauso sprechen, wie Sie schreiben.« Er brachte mich zum Lachen, und ich erklärte ihm: »Beim Schreiben befinde ich mich in einer besonderen Stimmung und verfalle ihr ganz. Oft weiß ich nicht, was ich eigentlich schreiben will. Real bin ich vollkommen unkompliziert und locker.«

Ich nahm ein kurzes Schmunzeln der Erleichterung in seinem Gesicht wahr; bevor er mir seine vorbereiteten Fragen stellte, wollte er mir noch etwas mitteilen: »Ich habe gestern meiner Freundin Ihre Homepage und Ihre Bilder gezeigt und ihr gesagt, dass ich Sie heute treffen werde. Sie entgegnete mir, dass sie schon von Ihnen gehört und einiges über Sie gelesen habe. Ich solle Ihnen gut zuhören, was Sie in Bezug auf Frauen zu sagen haben. Ich könne noch einiges von Ihnen lernen.«

Solche Worte haben die Tendenz, als Schmeichelei das Ego ihres Empfängers zu streicheln. Ich versuche aber stets, mich davon nicht beeinflussen zu lassen. Schon früh habe ich gelernt, dass Bewertungen von anderen Menschen mich zu keinem besseren oder schlechteren Menschen machen. Die einzige Meinung, der sich kein Mensch entziehen kann, ist die eigene. Anderen Menschen ist unser Spiegelbild meistens egal. Aber ich selbst muss mir jeden Tag in die Augen sehen können und wissen, dass ich mich und meine Umwelt jeden Tag gut behandle.

Das Gespräch mit dem jungen Reporter dauerte lange, und am Ende lachten wir viel. Als er sich verabschieden wollte, fragte ich: »Haben wir nicht etwas vergessen?«

»Nicht, dass ich wüsste«, entgegnete er mir in Windeseile.

»Sie haben noch nicht Ihre Analyse gehört.«

»Die hatte ich schon ganz vergessen. Mir reichte schon, dass ich keinen verkorksten Eindruck auf Sie hinterlassen habe.«

Können Männer und Frauen Freunde sein?
Beziehung und Partnerschaft

Über die Liebe

Wo Vernunft und Zauber eins werden, da begegnen wir uns mit Liebe. Wir vermählen uns am Tag mit der Nacht und erkennen ihre Geheimnisse. Es gibt helle Nächte, so, wie es dunkle Tage gibt.

Ist nicht jenes Geständnis das mächtigste, welches wir der unausgesprochenen Liebe machen und das nur durch einen Blickkontakt besiegelt wird? Ist nicht unser Sein außerhalb unserer Existenz stärker als Gesetze, Regeln und Normen? Wenn wir einfach nur wären, einfach nur liebten, ohne jemand sein zu wollen, wo würden wir hin gelangen? Die Erde bliebe die Erde. Doch was würde der Mensch werden?

Wir könnten alles miteinander verbinden, weil wir alles in uns tragen. Wenn wir lieben, sind die Elemente in uns vereint. Die Luft des Atems. Das Feuer der Leidenschaft. Das Wasser der Fruchtbarkeit. Die Erde der Geburt. Wir könnten das fünfte Element in uns freischaufeln: Das Vertrauen zum Universum.

Alles fließt, wächst und gedeiht, atmet und endet schließ-

lich, wie es gekommen ist. Dazwischen existieren nur Formen. Alles, was außerhalb unseres Kerns ist, ist vergänglich. So bleibt ein unerschütterbares Gefühl ohne Gedanken und Verstand.

Die Liebe besitzt nichts. Sie ist gedanken- und verstandeslos. Die Liebe folgt keinen Naturgesetzen. Sie schwebt im Universum. Was hindert uns an unseren Möglichkeiten? Was hindert uns, über Grenzen hinauszuwachsen? Was hindert uns an der besonderen einzigartigen Liebe?

Es ist unser normgerechter Verstand, der uns unglücklich macht und doch nur glücklich machen sollte. Dabei ist es so einfach, nicht zu denken. Versuche in diesem Augenblick, an deinen nächsten Gedanken zu denken! Er wird nicht kommen, weil Stille die Fortsetzung von Stille ist.

Wenn du dich selbst siehst, weder in einem Spiegel an der Wand oder im Spiegelbild eines Brunnens, noch durch die Augen anderer, dann bist du am Ziel. Weil es kein Ziel gibt. Ein Spiegelbild kann nur reflektieren. Ein Spiegel steht allerdings immer auf der anderen Seite. Er reflektiert, als hätte er zwei Augen. Es sind aber nicht deine Augen. Wenn er auf deiner Seite stehen würde, könntest du dich nicht darin sehen. Wenn du dich nicht in einem Spiegel findest: Wo bist Du dann und wer kann dich finden? Nur du dich.

Unsere Augen sind gekoppelt an unseren bewertenden Verstand. Unsere Augen sollten lernen zu fühlen und Gesehenes durch den Verstand durchfließen zu lassen. So erreichen wir die wahre Sicht der Dinge, die nicht gesehen, sondern nur gefühlt werden kann.

Wenn die Welt kopfstehen würde, vielleicht wäre dann alles Unheil wieder heil und alles Heil wieder Unheil. Ist nicht genau die Erkenntnis über unser Gleichgewicht die einzig wahre, dass wir gar kein Gleichgewicht haben?

Betrachte ein Bild eines Malers: Auf diesem Bild siehst du die Sonne. Du kannst den Schatten hinter einem Baum wahrnehmen, weil der Baum und das Licht da sind. Du kannst deine Hand, deinen Fuß, deinen Kopf vor eine Taschenlampe, eine Kerze und vor die Sonne halten, und du wirst immer einen Schatten werfen, ob du willst oder nicht. Versuche in deinem inneren Kern den Schatten zu sehen. Versuche deinen Kern vor das Licht, vor die Sonne zu halten, und du wirst sehen, was wirklich existiert! Nichts existiert. Existiert wirklich nichts? Alles, was existiert, können wir zerstören. Und was ist mit dem Augenblick der liebenden Vereinigung? Du kannst einem Mann, einer Frau, einem Menschen alles entreißen. Doch du kannst ihm niemals den Augenblick der Liebe nehmen.

Liebe führt zu allen Exzessen, und Liebe führt zur höchsten Glückseligkeit.

Sie beginnt da, wo sie auch endet.

In dir.

Warum ziehen sich Männer manchmal so schnell zurück?

Am Tag vor einer Lesung rief mich eine Journalistin an, weil sie in der lokalen Zeitung eine Vorankündigung des anstehenden Leseabends veröffentlichen wollte. Aus dem Klang ihrer Stimme und dem Inhalt ihrer späteren Erzählung entnahm ich, dass sie Mitte dreißig sein musste. Zu Beginn des Gesprächs arbeitete sie sehr professionell und feuerte wie ein Maschinengewehr ihre Fragen ab. Mitten in einer Frage aber stockte sie und legte eine kurze Pause ein. Die aufgeregte, leicht angehobene Stimme verwandelte sich und bekam einen ernsthaften, ruhigeren Klang: »Darf ich mal ganz ehrlich sein und Sie etwas Persönliches fragen?«, hörte ich die Journalistin sagen. Ich war ein wenig überrascht, weil ich diesen Umschwung nicht erwartet hatte, ermunterte sie aber, ihre Frage zu stellen. Kaum hatte ich ihrer Bitte zugestimmt, brach auch schon ein etwa dreiminütiger Monolog aus ihr heraus, in dem sie mir folgende Situation schilderte: »Ich habe einen Mann kennengelernt. Aber so richtig kann ich unsere Beziehung noch nicht einschätzen. Wir mögen uns, sprechen über alles und gehen harmonisch miteinander um. Seit anderthalb Wochen haben wir uns aber nicht mehr gesehen, und ich weiß nicht, ob ich vielleicht irgendetwas falsch gemacht habe. Er hat in seinem Job gerade viel zu tun und deshalb nicht so viel Zeit für mich, was ich auch nachvollziehen kann. Eigentlich wollten wir uns am kommenden Wochenende treffen, aber er hat es noch immer nicht angesprochen, so dass ich das Gefühl habe, es ist ihm nicht recht, wenn ich zu ihm fahre.«

Ich fragte sie daraufhin nach seinem und ihrem Verhalten in verschiedenen Situationen, um Hinweise zu bekommen, warum er so reagiert. Schließlich stieß ich auf einen entscheidenden Punkt. Sie hatte ihm bereits kurz nach dem Kennenlernen eine E-Mail geschrieben, in der sie sehr emotional ihre Gefühle offenbarte und von einer gemeinsamen Zukunft mit ihm – und warum eigentlich nicht mit Kindern? – sprach. Auf meine Frage, was sie über seine vergangenen Beziehungen wusste, antwortete sie: »Seine Ex hat ihn zu sehr eingeschränkt und ihn damit häufig zur Weißglut gebracht.« Ich brauchte nicht mehr viel zu sagen, die Journalistin verstand sofort. Mit ihren Zukunftsplänen – so spontan sie vielleicht von ihr dahergesagt waren – hatte sie eine Grenze überschritten, und nun befand er sich auf der Flucht.

Bei vielen Männern ist es tatsächlich so, dass sie ihre persönliche Rückzugszone brauchen, ihre kleine Höhle, die so schnell keine Frau betreten oder gar kontrollieren darf. Versucht sie dort einzudringen, ist das eine Grenzüberschreitung, und auf Seiten des Mannes springen alle Ampeln auf Rot. Und dabei spielt es keine allzu große Rolle, ob ein Mann bereits fünfzig Jahre mit einer Frau zusammen ist oder gerade erst das erste Date mit ihr hatte. Allerdings ist die Fluchtgefahr, je kürzer die Beziehung ist, umso größer.

Frauen sollten Männern ihren persönlichen Freiraum lassen und dort nicht mit Ansprüchen oder Zukunftsplänen aufzukreuzen. Wenn ein Mann spürt, dass ihm eine Frau seinen eigenen Raum bedingungslos zugesteht und sie darüber hinaus auch ohne ihn mit ihrem Leben zufrieden ist und zurechtkommt, dann wird er seine Rückzugszone auch nicht mehr als so viel attraktiver empfinden als den gemeinsamen Raum mit dieser verständnisvollen Partnerin.

Warum Sie Liebesbriefe liebt – und Er einen Ghostwriter engagiert?

Wahrscheinlich gibt es auf der Welt kaum eine Frau, die einen nur für sie geschriebenen Liebesbrief nicht romantisch findet. Allein schon die Idee des Mannes, der Angebeteten sein Herz schwarz auf weiß zu offenbaren, reicht, und das Frauenherz schlägt ihn zum Ritter. Wenn seine Zeilen dann auch noch mit Füller auf Leinenpapier glänzen, ist ihm der Ruhm einer meisterhaften Heldentat gewiss, der größer als der Sieg über einen Drachen ist. Zu Recht!

Aber warum tun sich viele Männer so schwer damit, Liebesbriefe zu schreiben? Viele Männerherzen verzweifeln an dieser Aufgabe, weil sie Angst davor haben, dass sie den Brief nicht oder falsch versteht, ihn befremdlich, unfreiwillig komisch, zu schmachtend oder zu anzüglich findet. Also zittert er lieber eine Runde mit seiner Schreibhand, verliert sich in kreisenden Gedanken, wird immer verzweifelter, bis er lieber als Liebesbeweis einen Drachen bezwingt oder einen Ghostwriter engagiert, der den Tintenfederpfeil ins Herz seiner Angebeteten zu manövrieren weiß und somit eine zentnerschwere Last von seinen Schultern reißt.

Hier meine Tipps an die Helden des Alltages, die sich doch an einem Liebesbrief versuchen möchten. Ein guter Liebesbrief muss in erster Linie echt und glaubwürdig sein. Du solltest der Brief sein und ganz in ihm aufgehen! Es ist dein Herz, das dir den Text diktiert. Zu Beginn musst du gar nicht wissen, was du ihr überhaupt schreiben möchtest. Liebesbriefe brauchen keinen Anfang und kein Ende. Manchmal reicht auch nur ein Ausspruch, ein Satz, und

Worte verwandeln sich in reine Energie. Es ist natürlich nicht leicht, diese richtigen Worte für seine Gefühle zu finden. Am besten du stellst dir deine Liebste beim Schreiben deutlich vor. Schau sie dir vor deinem geistigen Auge an. Was ist es, was dir so an ihr gefällt? Was macht sie einzigartig? Warum ist gerade sie die Frau für dich? Schreib es auf! Sei dabei vorsichtig mit erotischen Phantasien und gehe sehr sparsam mit eigenen körperlichen Beschreibungen um. Schließlich möchtest du ihr Herz gewinnen und keinen Schönheitswettbewerb. Hast du drei, vier solcher starken Sätze zusammen, dann kannst du sie etwas ordnen und vielleicht noch kurz einleiten. Auf wertvollem und schön anzufassendem Papier (der Empfängerin entsprechend) mit der Hand in Tinte geschrieben, reichen sie vollkommen aus, ihr die Sinne zu rauben.

Was entscheidet über den Erfolg eines ersten Dates?

Ein Mann sollte sich wesentlich besser auf das erste Date vorbereiten als eine Frau. Warum? Frauen handeln intuitiv richtig, sie kennen das Kleine Einmaleins des richtigen Auftretens. Vom entspannenden und pflegenden Bad über die Auswahl von Dessous und dem Auftragen des Parfüms bis hin zur Begrüßung, zu in Frage kommenden Gesprächsthemen und auch Tricks, wie man ein Date geschickt beendet, sie haben alle Vorkehrungen getroffen, durchgespielt und beherrschen sie virtuos.

81

Der Mann allerdings benötigt noch etwas Nachhilfe beim ersten Date. Auch in Zeiten der Emanzipation bewähren sich noch die traditionellen Verhaltensweisen eines Gentlemans. Vielleicht gerade weil sie im Alltag so selten geworden sind, machen sie großen Eindruck auf Frauen. Ein Gentleman ruht in sich. Wenn er die Frau diese innere Ausgeglichenheit spüren lässt, dann ist das sehr vorteilhaft für den Fortgang der Begegnung. Deshalb sollte er am Abend des ersten Dates vorab alles tun, um ausgeglichen zu erscheinen und bestenfalls auch zu sein. Wie aber erreichen Männer Ausgeglichenheit?

Zunächst sollten sie ihre überschüssige Energie abbauen. Am besten gelingt ihnen das durch Sport oder eine andere Tätigkeit, die sie auspowert und entspannt. Ist der letzte Sex schon etwas länger her, dann raten viele Männer, vor dem Date zu masturbieren, um an dem entscheidenden Abend nicht den kleinen Freund ungewollt laut sprechen zu lassen.

Für das erste Rendezvous gelten für Männer strengere Richtlinien, als sie von ihren normalen Alltagsaktivitäten gewöhnt sind, gerade auch in Bezug auf Körperhygiene und Kleiderauswahl. Duschen, Zähneputzen, das Auftragen eines dezenten Parfüms oder Aftershaves, frische Kleidung und geputzte Schuhe verstehen sich von selbst. Frauen mögen es zwar, dass der Mann männlich riecht. Ein übermäßiger Testosteronschweißgeruch schlägt das weibliche Gegenüber aber schnell in die Flucht. Bei der Kleidung sollte die Frau merken, dass der Mann das Parkett, auf das er sich begibt, auch beherrscht. Ein Smoking für die Oper kann beeindrucken, aber wenn der Träger wie Pik 7 drinsteckt, ist das wenig sexy, dann wären die Jeans mit Sakko wohl die bessere Wahl gewesen.

Auch die Wahl des Ortes ist entscheidend. Wichtig ist auch hier, dass sich der Mann dort selbstsicher bewegen kann. Was nutzt die hippeste Bar, der teuerste Vier-Sterne-Tempel, wenn er Angst vorm Personal hat. Das spürt sie sofort und aller Zauber ist hin.

Forscher haben übrigens herausgefunden, dass die äußeren Umstände beim ersten Rendezvous entscheidend unser Attraktivitätsempfinden beeinflussen können. Führen wir beispielsweise gemeinsam eine aufregende Tätigkeit aus, die unseren Puls erhöht, so schreiben wir unbewusst unsere höhere Herzfrequenz auch unserem Gegenüber zu. Da Herzklopfen ein Zeichen für Verliebtheit ist, wirkt jemand auf uns plötzlich attraktiver, als es unter anderen Umständen möglicherweise der Fall wäre. Ein idealer Ort für das erste Date ist beispielsweise ein großes Volksfest mit Geister- und Achterbahn oder eine halsbrecherische Mountainbiketour. Auch ein DVD-Abend kann funktionieren, vorausgesetzt, es wird ein actiongeladener Thriller eingelegt und nicht etwa eine BBC-Dokumentation über das Fortpflanzungsverhalten der südamerikanischen Springmaus.

Die Gespräche am ersten Abend (abends ist übrigens die beste Zeit für das erste Date) sollte er nicht dazu verwenden, von seiner Eisenbahngüterwagonsammlung zu schwärmen oder im Detail seinen Zuständigkeitsbereich innerhalb der neu gegründeten IT-Abteilung beschreiben, sondern er sollte sich auf seine Auserwählte konzentrieren, und zwar ganz und gar. Besonders Zuhören ist hier gefragt und auch aufmerksames Nachfragen, wenn er etwas nicht verstanden hat oder ein bestimmtes Thema der Frau besonders am Herzen liegt. Der Mann signalisiert damit, dass er nicht nur an ihrem Körper interessiert ist, sondern auch ihre Geschichten, Gedanken, Träume und Wünsche anziehend findet. Generell sollte an diesem Abend nichts gezwungen, gekünstelt oder steif erscheinen – weder sein gebügeltes Hemd noch sein Penis. Alles sollte eine Leichtigkeit ausstrahlen und der Frau immer das Gefühl vermitteln, nicht zu etwas gedrängt zu werden und sich immer frei entscheiden, d. h. auch gehen zu können. Und, ganz klar: Er zahlt!

Mit was können Männer bei Frauen punkten?

Wenn ein Mann einer Frau ein Geschenk macht, seien es Blumen, Schmuck oder ein schickes Cabrio, sollte er sich im klaren sein, dass Frauen bei jeder Aufmerksamkeit nur einen Punkt verteilen. Männer glauben oft, dass der Effekt solcher Geschenke dauerhaft ist – je teurer desto länger. Eine Diamantenhalskette, und man hat das Beziehungspunktekonto ein Leben lang versorgt. Weit gefehlt, nicht die Luxuriösität steht bei den allermeisten Frauen in Sachen Geschenke im Vordergrund, sondern Kreativität und Kontinuität. In einer guten Beziehung zählen die kleinen Dinge im Leben, eine kurze Liebesnotiz, eine längere Umarmung, ein ehrliches Kompliment. Ich kannte zum Beispiel einen Mann, der im Winter frühmorgens vor der Arbeit das Auto seiner Frau enteiste und aufwärmte. Es war ihm eine Freude, seiner Liebsten einen angenehmen Start in den Tag zu schenken.

Von einem Mann zu verlangen, seiner Frau jeden Tag etwas zu schenken, wäre sicherlich übertrieben. Aber wenn ein kleines Kompliment oder eine nette Geste für die meisten Frauen einen ebenso schönen Liebesbeweis wie ein opulenter Blumenstrauß oder ein teures Schmuckstück darstellt, fragt man sich doch wirklich, warum es bei den meisten Punktekonten der Männer immer noch so mau aussieht.

Es war nachmittags, und ich machte mir einen schwarzen Tee. Ich schüttete heißes Wasser in die Tasse, ließ den Teebeutel drei Minuten darin ziehen und zerdrückte eine aufgeschnittene Zitrone darüber. Dabei fielen mir einige Zitronenkerne hinein, die ich mit Hilfe eines kleinen Löffels wieder herauszuangeln versuchte. Einen halben Kern, der an der Oberfläche schwamm, konnte ich ohne große Probleme herausfischen. Ein ganzer Kern jedoch, der sich auf dem Tassengrund abgelegt hatte, machte mir Schwierigkeiten. Ich war etwas zerstreut und hatte wenig Geduld, so dass jedes Mal, wenn ich den Kern bereits auf den Löffel hatte und ihn vorsichtig hinausheben wollte, er mir entglitt.

So ist es auch mit den Frauen, dachte ich. Wenn du ihnen gegenüber zu ungeduldig und unkonzentriert bist und dir nicht die Zeit für sie nimmst, werden sie dir in ihrer Ganzheit immer entgleiten. Dann wirst du immer nur die eine Hälfte einer Frau erreichen.

Worüber streiten sich Männer und Frauen am häufigsten?

Über Sex und das Liebesleben? Mitnichten. Eine von einem großen Singleportal beauftragte Studie mit zweitausend Teilnehmern ergab, dass rund 94 Prozent aller Paare regelmäßig streiten. Größter Zankapfel dabei: die Aufgabenverteilung im Haushalt.

Beim Thema Haushalt spielt nicht nur eine Rolle, wer was macht, sondern wie wer was macht. Solange der Mann unter seinen im gesamten Haushalt verteilten Schmutzwäschebergen noch seine Joggingschuhe findet und die Ausdünstungen seiner mit feuchten Handtüchern gefüllten Sporttasche den schimmeligen Duft verwesender Müllreste nicht übertrumpfen, glaubt er, einigermaßen in Ordnung zu leben. Frauen hingegen haben oft ganz genaue Vorstellungen von »ihrer« Ordnung und möchten, dass ihr Partner diese auch hundertprozentig übernimmt und erfüllt. Bis Frau ihn aber so weit hat, können schon einmal die ersten gemeinsamen Jahre ins Land ziehen. In der Regel begleitet aber das Top-Streit-Thema Haushalt Paare ein ganzes Beziehungsleben – und manchmal ist es auch der Grund für sein Ende.

Konfliktpotential entsteht immer da, wo Frauen und Männer ein und dieselbe Situation unterschiedlich bewerten. Wenn dann darüber gestritten wird, ist das Streiten auch ganz normal, und wenn richtig gestritten (und sich auch später wieder richtig versöhnt) wird, ist es ein Zeichen für eine lebendige und funktionierende Beziehung. Psychologen der neuen Schule finden es auch gar nicht so schlimm, wenn dabei auch mal der Boden der sachlich-neutralen Ebene verlassen wird und richtig die Fetzen fliegen. Allerdings sollte der Streit auf Augenhöhe geführt werden, d. h. ein Partner sollte nicht versuchen, den anderen zu dominieren, ihn herabzuwürdigen oder zu beleidigen. Glückliche Paare streiten miteinander – und nicht gegeneinander.

Ein defensives Konfliktverhalten tut allerdings auch nicht gut. Wenn wir Dinge, die uns stören, über einen längeren Zeitraum nicht aussprechen, weil wir uns nicht trauen oder den richtigen Augenblick immer wieder verpassen, stellen wir zwar oberflächlich eine friedliche Situation her, aber Wut, Enttäuschung und das Gefühl, missverstanden oder benachteiligt zu sein, frisst uns innerlich auf. Wer den Konflikt scheut und immer wieder Zugeständnisse macht, der erwartet nicht selten dafür Dankbarkeit von seinem Partner. Der aber ahnt oft überhaupt nichts von der Selbstaufgabe des anderen. Dadurch wird dessen Groll immer größer, bis irgendwann – ausgelöst durch vielleicht nur eine Kleinigkeit – alles aus ihm heraussprudelt, und zwar mit einer solchen emotionalen Wucht, dass nichts mehr übrig bleibt vom zuvor so anstrengend behüteten Beziehungsfrieden.

Was hilft? Bei Milch gibt es zwei Möglichkeiten, damit sie nicht überkocht. 1. Wir nehmen den Topf mit Milch rechtzeitig von der Kochstelle oder 2. wir schmieren die Seitenwände vorbeugend mit Butter ein. Wenn wir nicht wollen, dass in uns etwas hochkocht und wir dadurch die Kontrolle über unsere Gefühle verlieren, sollten wir frühzeitig mit unserem Partner über das sprechen, was uns stört. Auch dann, wenn es nur Kleinigkeiten sind oder wir denken, dass wir das alles ohne Probleme wegstecken können.

Wenn wir aber merken, dass es in uns schon gewaltig brodelt und ein Überkochen zu verhindern kaum möglich scheint und dass uns das vielleicht öfter und bei immer unwichtigeren Anlässen passiert, dann sollten wir überlegen, ob nicht grundsätzlich etwas in unserer Beziehung in Schieflage geraten ist.

Auch hier ist das Zauberwort, um alles wieder etwas geschmeidiger zu machen, Kommunikation. Allerdings ist eine ehrliche Aussprache leichter gesagt als getan, weil es ja meistens um mehr als um den reinen Sachverhalt geht. Kommt man alleine nicht weiter, sollte man nicht scheuen, die Hilfe eines Coachs oder Therapeuten in Anspruch zu nehmen. Es geht ja schließlich um existentielle Dinge.

Warum gibt es überhaupt Konflikte, die die Beziehung vergiften? Wieder komme ich nicht um die Betrachtung unseres Egos herum. Ein verletztes Ego hat ein riesiges Zerstörungspotential, das blinden Machtwillen, Herabwürdigung und Gewalt auslösen kann. Immer wieder spielen hier eigene Frustrationen und nicht erfüllte Bedürfnisse eine große Rolle. Psychologen haben zum Beispiel herausgefunden, dass Menschen, die sich im Streit schnell zurückziehen oder beleidigt reagieren, oft über ein geringes Selbstwertgefühl verfügen. Aber anstatt, dass wir uns einmal intensiv mit unseren Macken auseinandersetzten, mäkeln, kritisieren und biegen wir lieber an unserem Partner herum. Vielleicht sollten wir öfter, wenn uns etwas so richtig auf die Nerven geht, fragen, warum das so ist und ob tatsächlich der Partner die wahre Ursache für unseren Unmut ist?

Eine Parabel aus dem Orient:
Da stritten sich Mann und Frau, wer von ihnen das Sagen
habe.
Der Mann behauptete: »Ich bin der Kopf und entscheide.«
Und die Frau erwiderte: »Ich bin nur der Hals. Aber ich
bewege dich, wohin ich will ...«

Warum hören wir unserem Partner nicht richtig zu?

Wir schenken unserem Partner nach einer gewissen Beziehungszeit nicht mehr unsere volle Aufmerksamkeit, weil wir glauben, dass seine Reaktionen für uns voraussehbar sind. An seinen Gedanken und möglichen Antworten sind wir nicht mehr interessiert, weil wir annehmen, alles, was er sagen könnte, bereits zu kennen. Das ist der Anfang vom Ende einer guten Beziehung.

Denn unser Partner ist kein System, das, einmal entschlüsselt, immer die gleichen Ergebnisse ausschüttet. Wenn das so wäre, würde die Vorhersehbarkeit schnell gähnende Langeweile hervorrufen (die in nicht wenigen Beziehungen tatsächlich existiert).

Wir können vielleicht behaupten, die künstlichen Blumen in unserem Wohnzimmer zu kennen, denn schließlich können wir davon ausgehen, dass diese für ziemlich lange Zeit das bleiben, was sie augenblicklich sind: unbeweglich und veränderungsresistent. Aber unser Partner? Ist er auch so leblos und statisch? Ihm dies anzulasten wäre vermes-

89

sen. Wir verändern uns täglich. Nicht nur äußerlich, sondern auch innerlich. Unsere Gedanken, die uns in den Kopf kommen, die Luft, die wir atmen, das Wasser, das wir trinken, all das verändert uns sekündlich. Wenn wir von unserem Partner jetzt ein Foto machen würden, wäre sein optischer und emotionaler Zustand im Moment der Aufnahme nach Abdruck des Auslösers schon vergangen. Das abgelichtete Objekt wäre Teil der Vergangenheit, während unser Partner frisch und blühend vor uns stünde.

Wenn wir versuchen, unseren Partner tagtäglich neu zu sehen und zu entdecken, dann wird die Beziehung wieder zu einem höchst lebendigen Abenteuer. Das fängt bei der täglichen Kommunikation an. Wenn wir unserem Partner immer wieder dieselbe Antwort auf die verschiedensten Fragen geben, ist das nicht nur wenig aufmerksam, sondern tötet beim Partner langsam, aber sicher jedes Interesse.

»Was denkst du gerade?« – »Nichts.«

»Was hast du heute getan?« – »Nichts.«

»Was willst du gleich essen?« – »Nichts.«

Nichts? Und das, obwohl in unserem Innern unaufhörlich eine Weiterentwicklung stattfindet? Was würde passieren, wenn sich das Gespräch so gestalten würde?

»Was denkst du gerade?« – »Ich habe gerade an unsere letzte Nacht am See gedacht und mich dann daran erinnert, wie mir neulich eine Freundin von den Geheimnissen der Glühwürmchen erzählt hat. Und jetzt gerade frage ich mich, welches Abenteuer wir wohl als Nächstes erleben werden, weil ich finde, dass ziemlich viel Alltag in unser Leben eingekehrt ist.«

»Was hast du heute getan?« – »Ich war heute in einem Sonnenblumenfeld spazieren, habe unserer Nachbarskatze eine Kurzgeschichte erzählt und eine warme Marzipantorte mit auf die Arbeit gebracht.«

»Was willst du gleich essen?« – »Ich habe heute Lust auf Koberind, Rote-Beete-Salat und Malzkekse.«

So viel zu sagen heute? Und das, weil in unserem Innern unaufhörlich eine Weiterentwicklung stattfindet!

Können Männer und Frauen lernen, miteinander zu reden?

Dazu fällt mir eine schöne Geschichte ein, die mir eine ältere Dame auf einer meiner Lesungen erzählte. Sie berichtete mir, dass sich ihr Mann bereits vor einiger Zeit ein Hörgerät zulegen musste. Immer öfter hatte sie danach den Eindruck, dass er sie zwar gelegentlich hören, aber nicht wirklich verstehen konnte. Zudem kamen ihr manche Situationen merkwürdig vor, da ihr Mann mal gut, mal gar nicht hörte. Deshalb wollte sie eine medizinische Zweitmeinung einholen. Sie suchte einen neuen Hals-Nasen-Ohrenarzt und beschloss, ihren Mann zu diesem Termin zu begleiten. Ihr Gatte wehrte sich mit Händen und Füßen gegen dieses Vorhaben, doch es half ihm nichts, er wurde erneut untersucht.

»Und wissen Sie, was dabei herauskam?«, schmunzelte sie vergnügt. »Der Arzt saß uns beiden gegenüber und eröffnete mir, was mein Mann ohnehin schon die ganze Zeit über wusste.« Sie machte eine kleine Pause und fuhr dann fort: »Er sagte mir, dass mein Mann über ein ausgezeichnetes Hörvermögen verfüge und gar kein Hörgerät benötige.«

An diesem Nachmittag fuhren die beiden schnurstracks nach Hause, und die in den Grundfesten ihres Vertrauens erschütterte Frau ließ ein mächtiges Donnerwetter folgen. Aufgebracht stellte sie ihn zur Rede, worauf er zurückfeuerte, dass sie ihn ständig bevormundete, was alleine dieser Arztbesuch zeige, wo er doch so zufrieden mit seinem alten Doktor gewesen sei. Dann aber lenkte er ein. Er liebe sie wie am ersten Tag, gestand er, er wollte mit seiner vorgeschobenen Taubheit nur einen Raum für sich erhalten, den sie ihm sonst nie zugestanden hätte. Weil er Angst hatte, diesen Konflikt offen mit seiner Frau auszutragen, und um seinem Rückzugsbedürfnis gerecht zu werden, hatte er diesen bequemen Schleichweg genommen.

Die Extremsituation, mit der sich das Paar konfrontiert sah, nahm glücklicherweise eine andere Wendung, als zu erwarten war. Die Frau erzählte mir weiter: »Irgendetwas an diesem Tag war anders als bei unseren vielen Auseinandersetzungen zuvor. Vielleicht begriffen wird beide, dass dieser Tag entweder unser letzter gemeinsamer sein würde oder ein kompletter Neuanfang.« An diesem Tag hätten sie es zum ersten Mal während ihrer langjährigen Ehe geschafft, sich bedingungslos auszusprechen und dem anderen zuzuhören, ohne gleich zu bewerten oder seine Meinung abzuwehren. »Seit diesem Tag führen wir eine ganz andere Beziehung und lieben uns noch mehr als zuvor. Gehört haben wir uns schon immer. Aber verstanden haben wir uns nie. Da brachte auch das teure Hörgerät nichts. Wir mussten beide lernen, uns gegenseitig zu verstehen, und somit sind wir nun das Hörgerät des anderen geworden.«

Was geschieht, wenn eine Frau ihren Mann analysiert?

Eine Frau beobachtet einen Mann ganz genau. Wenn sie dabei irgendetwas entdeckt, das ihr Misstrauen erweckt, versucht sie zunächst, dieser Irritation auf den Grund zu gehen. Nach Tagen, manchmal Wochen der Beobachtung, des Analysierens und Abwägens nimmt sie allen Mut zusammen und fragt ihren Mann ohne Vorwarnung, ob er sich z. B. mit einer anderen treffe. Den Mann trifft eine solche Frage völlig unerwartet, vielleicht während des Abendessens, und so kann sie seine Reaktion, seine Mimik, Gestik und Körperhaltung ungefiltert beobachten. Ist er angespannt, fühlt er sich ertappt? Wohin geht sein Blick? Wandert er nach links, dann lügt er wahrscheinlich, nach rechts, dann versucht er vielleicht nur, sich zu erinnern. Weicht er ihrem Blick ganz aus, steht die Antwort ohnehin fest. Dann hat er ihr etwas zu verheimlichen. Binnen Sekunden überprüft sie seine Tonlage, seine Pausen, nimmt selbst kleinste Verzögerungen wahr und gleicht parallel dazu das Gesagte mit allen beobachteten Merkmalen und Vorüberlegungen ab. Sie übernimmt dabei intuitiv seine Körperhaltung. So kann sie erkennen, ob er die Wahrheit spricht oder nicht. In der Psychologie nennt man das Spiegelung.

Harmoniert seine Erklärung nicht mit ihren Beobachtungen und Überlegungen, macht sich eine Welle der Panik in ihr breit. Sie stellt sich tausend Fragen gleichzeitig – Bin ich nicht mehr attraktiv? Wie lange geht das Verhältnis schon? Wer ist sie? Liebt er sie? Will er mich verlassen? – und ist ganz darauf konzentriert, nicht in Tränen auszubrechen, oder muss sich im Zaum halten, dass sie nicht aufsteht, hysterisch wird und die Salatschüssel gegen die Wand schmeißt. Und was tut der Mann derweil? Er kapiert anfangs gar nichts. Erst wenn die Frau in Tränen ausbricht oder deutliche Signale der Wut zeigt, beginnt er zu begreifen. Zu diesem Zeitpunkt aber hat der Mann nicht mehr viele Worte zur Auswahl, die die Frau jetzt noch beschwichtigen könnten. Denn die weibliche Analyse hat schonungslos ihr Ergebnis geliefert.

Die Neurobiologin Louann Brizendine stellte fest, dass bei Frauen, die in einer Beziehung extremen Konflikten ausgeliefert sind, die Botenstoffe Serotonin, Dopamin und Noradrenalin Aktivierungsprozesse im Gehirn freisetzen, die einem epileptischen Anfall gleichen. Frauen denken zwar oftmals länger nach, ehe sie explodieren. Wenn es dann aber so weit ist, wandeln sie ihre aufgestaute Wut in effektive Munition um und feuern diese in einem Sprach-Maschinengewehr den Männern um die Ohren, dass ihnen Sehen und Hören vergeht.

Wie analysieren Männer Frauen?

Gar nicht! Zumindest nicht die Stimmung der Frau, geschweige denn ihre Mimik oder ihre Gestik. Der Mann geht ins Detail, wenn es um einen Computer oder ein Auto geht. Würde er genauso systematisch eine Checkliste für seine Beziehung erstellen, wie er den Motor seines neuen Wagens überprüft, dann gelänge es ihm vielleicht, das ein oder andere sich deutlich anbahnende Beziehungsdrama rechtzeitig abzuwenden, seine Frau in stillen Momenten mit liebevollen Gesten aufzumuntern oder ihre heimlichen Vorlieben zu erkennen und ihnen zu entsprechen. Solange der Mann kein solch verfeinertes Analyseverfahren in sein persönliches Portfolio aufnimmt, muss sich die Frau entweder mit seinen spartanischen Gepflogenheiten diesbezüglich zufrieden geben oder aber eben ihre Bedürfnisse in die Sprache des Mannes übersetzen.

Einmal habe ich einer Singlefrau, die über eine Annonce einen neuen Partner finden wollte, den Ratschlag gegeben, ihre Qualitäten in Männersprache zu übersetzen. Dabei kam folgender Text zustande:

»Ich bin ein tiefer gelegter Klassiker, Baujahr 1977, fahre breitspurig und sicher durchs Leben und verfüge je nach Tätigkeit über 66 bis 669 PS, wobei ich mir einen ebenso PS-starken Hengst an meine Seite wünsche. Mein Fahrgestell ist sportlich und elegant, und meine Reifen kann ich selber wechseln. Den letzten Lichttest habe ich mit Bravour bestanden: Ich blinke à la Augenaufschlag Lamborghini, woraufhin mir der TÜV eine lebenslange Garantie gegeben hat. Für meine Kurvenlage und meine qualitativ hochwertigen Stoßdämpfer bin ich bei allen Routen bekannt. Angehalten habe ich aber bislang noch bei keiner. Wenn du mein nächster Boxenstopp sein willst, dann überzeug dich doch einfach selber von meiner mobilen Vollausstattung und der puren Echtheit meiner Fahrgestellnummer.«

Innerhalb einer Woche bekam sie 534 Zuschriften.

Verstehen Frauen ihre Männer besser als umgekehrt?

Ich möchte Männern gewiss nicht zu nahe treten, aber ich bin davon überzeugt, dass auf Grund ihrer besonders hohen emotionalen Intelligenz Frauen ihre Männer besser verstehen können als Männer ihre Frauen. Der Unterschied ist deutlich: Ich möchte dazu gerne das Bild einer Wasserkaraffe, die die Frau repräsentieren soll, und einer Espressotasse, die den Mann darstellt, heranziehen. Auch wenn der Mann äußerlich ein größeres Volumen auf Grund seines meist größeren Körpers aufweist, sagt das noch lange nichts über sein emotionales Fassungsvermögen aus. Wenn eine Frau emotional das Fassungsvolumen einer Wasserkaraffe besitzt und der Mann als Espressotasse daneben steht, dann können wir uns vorstellen, was passiert, wenn die Frau ihren (emotionalen) Inhalt in den Mann kippt. Er läuft über!

Auf Grund der Tatsache, dass mein Gehirn verschiedene Verhaltensweisen abgespeichert hat, bin ich heute in der Lage, es für mein Frauenverständnis ein- und auszuschalten. »On« bedeutet dann, dass ich mich zwar anstrengen muss, aber den Frauen doch einigermaßen in ihre Gefühls- und Gedankenwelt folgen kann. »Off« bedeutet keine Chance, weil mal wieder die Brücke zwischen meinen beiden Gehirnhälften zusammengestürzt ist und ich keine Transferleistung mehr erbringen kann.

Warum fällt es Frauen eher als Männern auf, wenn ihr Partner fremdgeht?

Sie: »Gehst du fremd?«

Er schaut sie an und sagt schnell: »Nein!«

Sie schaut ihm direkt in die Augen: »Ich frage dich noch einmal: Gehst du fremd?«

Er zögert mit der Antwort und seine Augen wandern nach oben links.

Intuitiv weiß sie, dass sein Schweigen und die gleichzeitige Abwendung seines Blickes für eine Lüge sprechen. Dies sind aber nur zwei von vielen Anzeichen dafür, mit denen eine Frau einen Mann überführen kann. Frauen vermögen auf Grund ihres biologisch ausgeprägteren Versorgungsinstinktes wesentlich besser in Gesichtern zu lesen, als Männer dies können. Ihr Mutterinstinkt hilft ihnen, an der Körpersprache ihres Babys zu erkennen, was ihm gerade fehlt. Diese natürliche Fähigkeit können sie problemlos auch bei ihren großen Babys anwenden – was vielen Männern unheimlich erscheint und für einige eine permanente Bedrohung darstellt, weil sie das Gefühl haben, dass ihre

Frauen über ihre Mimik und Gestik selbst kleinsten Lügen auf die Schliche kommen können.

Doch nicht nur die Mimik des Mannes gibt der Frau Rückschlüsse auf sein heimliches Liebesleben. Besonders aussagekräftig für sich anbahnende Seitensprungabsichten des Mannes sind Veränderungen in seinem Verhalten. Plötzlich achtet er mehr auf sein Äußeres, riecht anders, bleibt länger im Büro, nimmt sein Handy mit ins Bad oder führt den Hund ungewöhnlich lange aus.

Eine Bekannte von mir hatte einmal ein Verhältnis mit einem verheirateten Mann. Er besuchte sie jeden Morgen, blieb eine Stunde bei ihr und ging anschließend zur Arbeit. Alles war zeitlich genau abgestimmt, und die Ehefrau wähnte ihren Mann frühmorgens in einer regelmäßigen Besprechung, in der er nicht gestört werden durfte. Die Affäre flog nur deshalb auf, weil er sich nach fünfzehn Ehejahren plötzlich die Schamhaare rasierte.

Ein Mann hingegen, wenn er nicht von chronischer Eifersucht getrieben ist, merkt meistens erst dann etwas von der Affäre seiner Liebsten, wenn er seine Frau in flagranti im Bett oder im Kinositz vor ihm mit einem anderen erwischt. Nicht einzelne Indizien führen ihn zur Tat, sondern es trifft ihn in aller Regel unverhofft und aus blauem Himmel mitten ins treulebige Herz.

Die Männer würden mehr gestehen,
wenn ihnen bekannt wäre,
wie viel Frauen schon wissen.

Peter Frankenfeld

Sind Männer und Frauen unterschiedlich eifersüchtig?

Gelegentlich kommt es auf einer Veranstaltung vor, dass ich mich angeregt mit einer Frau unterhalte, von der ich nicht weiß, dass sie in Begleitung eines Mannes gekommen ist. Dann passiert es schon einmal, dass ihr Begleiter irgendwann im Verlauf unseres Gesprächs zu uns stürmt und deutlich macht, dass er mich den Abend über nicht mehr in der Nähe seiner Frau sehen möchte. Diese Drohgebärden äußern sich alle ähnlich. Der Mann plustert sich vor mir auf, als sei er ein Gockel, der seine Henne beschützen müsse. Wäre ein Misthaufen in der Nähe, dann würde er darauf steigen, um noch größer und gefährlicher zu wirken. Auf einer Lesung habe ich einem solchen Gockel einmal einen Stuhl angeboten, während ich mit seiner Begleiterin sprach. Er sagte zu mir, dass er sich nicht setzen wolle, worauf ich ihm antwortete, dass ich ihm den Stuhl nicht zum Sitzen angeboten hätte, sondern zum Draufstellen.

Männer dulden keine Rivalen in ihrem Revier und haben große Probleme damit, wenn sich die Aufmerksamkeit ihrer Partnerin einem anderen, wohlmöglich noch fremden Mann zuwendet. Sofort vermuten sie einen sich anbahnenden Seitensprung, den sie mit allen Mitteln schon im Keim ersticken wollen. Schließlich wollen sie sichergehen, dass die Brut nur von ihnen stammt und sie keine Kuckuckskinder im Nest vorfinden, um die sie sich dann kümmern müssten.

Frauen sind nach meiner Beobachtung in einer solchen

Situation eher von dem Verhalten ihres Partners enttäuscht und suchen nicht die direkte Auseinandersetzung mit der potentiellen Rivalin.

Wie schaffe ich es, meine Freiheit und meinen Partner zu behalten?

Ich kenne viele Paare, die vollkommen in ihrer Beziehung aufgehen. Sie verschmelzen mit ihrem Partner so stark, dass sie sich nicht mehr vorstellen können, ohne ihn zu leben. Wenn sie einmal für längere Zeit voneinander getrennt sind, leiden sie sehr. Diese symbiotische Bindung mag zwar auf den ersten Blick romantisch erscheinen, ist aber meiner Ansicht nach auf die Dauer weder gesund noch haltbar.

Welche Beziehung trägt keinen Schaden davon, wenn beide Partner vierundzwanzig Stunden am Tag zusammen sind? Viele Lieben auch großer und bekannter Persönlichkeiten zerbrachen nicht an der Tatsache, dass die Partner zu weit oder zu lange voneinander entfernt lebten, sondern eher daran, dass die ständige Gegenwart des anderen der Liebe und Sehnsucht keinen Raum ließ.

Gerade Distanz bringt uns dazu, mit uns und unseren Träumen voranzukommen und frei von jedwedem einschnürenden Kompromiss atmen zu können. Wenn wir diese Freiheit erfahren haben, möchten wir unsere Erfahrungen mit unserem Partner teilen und spüren auch wieder das Bedürfnis, ihm bewusst nahe zu sein. Nähe und Distanz sind so natürlich und bedingen sich gegenseitig wie ein Sonnenauf- und untergang.

Seine Freiheit und seinen Partner zu behalten, ist daher eine Frage gelebter Natürlichkeit und der Erkenntnis darüber, dass die Liebesgefühle gegenüber dem Partner und die persönliche Entwicklung Hand in Hand gehen können. Können wir unserem Partner sensibel erklären, dass unser Drang nach Freiraum nichts mit mangelnder Liebe ihm gegenüber zu tun hat, sondern einzig mit unserer persönlichen Entfaltung, die der Beziehung letztendlich zugutekommt, dann gehen wir damit den ersten Schritt zu einer wahrhaftigen Liebe. Schließlich wollen wir nicht über unseren Partner herrschen oder von ihm beherrscht werden, sondern ihm alles ermöglichen und von ihm alles ermöglicht bekommen, was unserer persönlichen Entwicklung guttut und uns vorantreibt.

Wie gehe ich mit Eifersucht um?

Liebe besitzt nicht! Wie kann überhaupt irgendetwas dir gehören? Alles auf dieser Erde verändert sich, und wir sind ein kleiner Teil einer immerwährenden Dynamik. Am Ende werden wir so sterben, wie wir geboren wurden. Mit nichts – außer uns selbst. Wenn ich behaupte, einen Menschen wirklich zu lieben, wie könnte ich ihm da nicht alles Gute gönnen und ihm nicht dabei helfen, seine Wünsche zu realisieren? Wie könnte ich ihn in seinen Träumen und Bedürfnissen einschränken? Was für ein Liebender wäre

101

ich dann? Wenn ich zum Beispiel weiß, dass es mein Partner liebt, wenn ich ihm ein heißes Bad einlaufen lasse, dann gönne ich ihm dieses Vergnügen und freue mich für ihn, wenn es ihm gutgeht. Warum aber hören wir auf zu gönnen, sobald es um eine andere Person geht, sobald Sex eine Rolle spielt? Das Wichtigste in einer Beziehung ist meiner Ansicht nach eine offene und bedingungslose Kommunikation. Wenn ich spüre, dass ich mich in einer festen Beziehung zu einem anderen Menschen hingezogen fühle, ich aber diese Gefühle unterdrücke und auch nicht mit meinem Partner bespreche, wird sich früher oder später ein Knoten in mir bilden. Alles, was wir unterdrücken und zurückhalten, belastet uns und lässt uns nicht in unserem Gleichgewicht sein. Und das, obwohl alles so einfach sein könnte. Wenn es uns gelingt, mit dem Leben so mitzufließen wie das Wasser in einem Fluss und wir es schaffen, so flexibel wie ein Grashalm im Wind zu wehen, dann sind wir zentriert und geerdet. Dann lieben wir wahrhaftig, und dann wird uns auch keine Eifersucht mehr quälen.

Treibt nicht zu viel Freiheit den Partner in andere Arme?

Wenn ich liebe, dann liebe ich, und diese Liebe ist absolut frei. Natürlich kann es sein, dass es auch Menschen gibt, die in einer engen Bindung glücklich sind. Ich glaube aber zum Beispiel nicht, dass ein Mann, selbst wenn er fest gebunden ist, Frauen auf der Straße nicht hinterherschaut oder von ihnen träumt. Warum sollte er auch von seiner eigenen Frau träumen? Er kann ja jederzeit seine Träume mit ihr leben. Ist er also nicht gewissermaßen gezwungen, von anderen zu träumen? Nähe und Distanz spielen in einer Beziehung eine wichtige Rolle. Wir sollten unserem Partner den Raum geben, auch wieder von uns träumen zu wollen. Das kann nicht funktionieren, wenn wir jede Nacht nebeneinander schlafen und die Gewohnheit uns in andere Träume treibt. Es ist nur natürlich, dass es auch andere Menschen gibt, die uns bewegen, und dabei muss nicht immer nur die Sexualität im Mittelpunkt stehen. Trotz aller Natürlichkeit liegen hier aber unsere größten Ängste: Wie schrecklich wäre es, wenn meine Frau / mein Mann von einem anderen Mann / einer anderen Frau träumte? Auf der anderen Seite: Warum sollte sie / er nicht von einem anderen träumen? Was für ein Recht nehme ich mir heraus, zu glauben, dass nur ich meinen Partner befriedigen kann oder dass nur ich ein Anrecht auf ihn habe?

Wie macht Er Schluss und wie beendet Sie die Beziehung?

Für den Mann ist Schluss, wenn er sich dafür entschieden hat. Für die Frau ist die Beziehung beendet, wenn sie es ihm kommuniziert hat.

Wenn eine Frau das Gefühl hat, dass es in ihrer Beziehung nicht mehr gut läuft, dann bewegt sie sich zum Krisengespräch auf den Mann zu. Der Mann darf sich dann darauf einstellen, dass aus allen möglichen Himmelsrichtungen Botschaften auf ihn zukommen. Ein Lachen aus dem Süden. Ein Weinen aus dem Norden. Wut aus Ost- und Versöhnungssex aus Westrichtung. Das alles kann ihm ganz schön die Navigation durcheinanderwirbeln, doch trotz mangelnder Orientierung ist es ein gutes Zeichen für den überforderten Mann: Die Frau will die Beziehung retten! Wenn allerdings einzig und allein der Nord- und / oder Ostwind ihm ins Gesicht peitscht, dann muss er sich schon sehr warm anziehen, denn wenig ist noch zu retten.

Spürt ein Mann das nahende Ende einer Beziehung, dann verzichtet er liebend gern sowohl auf Gespräche als auch auf Windrichtungswechsel. Er wartet lieber auf eine neue Frau, die ihn vor dem ganzen Unwetter rettet.

Wieso gibt es so viele On-Off-Beziehungen?

Weil die Menschen Angst davor haben, alleine zu sein. Deshalb stimmen sie lieber einem fragwürdigen Beziehungskompromiss zu, der keinen der Partner weiterbringt, geschweige denn erfüllt. Zum Ende einer Beziehung kommt es meist erst dann, wenn das Beziehungsdrama stärker wiegt als die Angst vor dem Alleinsein. Aber erst der Weg zu sich selbst ermöglicht, eine gute dauerhafte Partnerschaft zu leben.

Wann ist eine Beziehung an ihrem Ende?

Beurteilen wir eine Beziehung dann als gescheitert, wenn unser Partner uns körperlich nicht mehr anzieht? Bahnt sich für uns ein neuer Lebensabschnitt an, wenn wir emotional nichts mehr für unseren Partner empfinden, oder gehen beide Aspekte Hand in Hand?

Viele Paare beenden die Beziehung erstaunlicherweise in beiden Fällen nicht – manche aus Gewohnheit, manche wegen der Kinder und andere wiederum, weil sie glauben, dass sie das Glück nicht verdient haben oder Harmonie und Zufriedenheit in der Liebe gar nicht existieren können.

Ich persönlich glaube, dass eine Beziehung dann am Ende ist, wenn die Partner sich nicht mehr entfalten und sich gegenseitig nicht mehr voranbringen können. Wenn Stillstand herrscht und sich jeder in der Beziehung nur noch einen Schritt vor und zwei zurück bewegt, sollte man einen Schlussstrich ziehen – auch aus Respekt für den Partner, den man einmal geliebt hat.

Kann man überzeugte Junggesellen zähmen?

Der Junggesellenabschied ist für einige Männer die letztmalige Chance, all das zu tun, was ihre heimlichen Phantasien schon immer erträumten: blödeln, baggern und sich besaufen und das, was das Zeug hält. Für einige Männer ist diese Nacht aber kein Abschied, sondern vielmehr ein

Beginn. Einmal als junger halbstarker Hengst auf den Geschmack gekommen, würden sie dieses Fest mit ihren Kumpels am liebsten zu einem neuen Wochentag küren und nie heiraten – oder heiraten und sich in regelmäßigen Abständen trotzdem diesen Ausbruch gönnen. Manche »Männer sind Schweine«, und Frauen können sich in das sexuelle Labyrinth im männlichen Gehirn nicht hineinversetzen. Aus solchen Männern einen verlässlichen Partner zu machen, ist utopisch, solange sie das nicht selbst wollen. Also, liebe Frauen, lasst solche Junggesellen Junggesellen bleiben, auch wenn die Hochzeitskutsche schon gebucht ist.

Können Männer und Frauen Freunde sein?

Es gibt durchaus Männer und Frauen, die sich begegnen und aus einer Natürlichkeit heraus Freunde sind. Vielleicht ist diese Freundschaft dann eine Willensentscheidung. Vielleicht verspüren Frau und Mann aber auch tatsächlich keinerlei sexuelle Anziehungskraft. Zumindest funktioniert diese Art des Zusammenseins nur dann, wenn keiner von beiden seine Gefühle unterdrücken muss. Bevor wahre Freundschaft zwischen Mann und Frau gelebt werden kann, sollte unbedingt die Frage der gegenseitigen sexuellen Anziehungskraft geklärt sein. Finden sich beide sexuell nicht anziehend, dann sind die Chancen für eine hormonell störungsfreie Freundschaft sehr gut. Besteht allerdings das Verlangen nach körperlicher Nähe, dann sollte das angesprochen oder auch gelebt werden. Vielleicht kommen beide nach dem Sex zu dem Schluss, dass Freunde sein doch die bessere Alternative ist.

Wenn eine Frau und ein Mann sich in Freundschaft begegnen, dann darf dass keine rationale Entscheidung sein, sondern man sollte bedingungslos ehrlich zu sich und zu seinem Gegenüber sein und seine Emotionen bewusst wahrnehmen und hinterfragen. Träume ich manchmal von meinem angeblichen Freund? Wünsche ich mir insgeheim seine Nähe, nicht nur geistig, sondern auch mal körperlich? Haben sich meine Gefühle ihm gegenüber vielleicht mit der Zeit verändert?

Das Leben kann dich
erst dann auffangen,
wenn du bereit bist,
dich fallen zu lassen
Gudrun Kropp

Warum schauen Männer Pornos, und wieso fehlt Frauen die Handlung?

Sex und andere Nebensächlichkeiten

Teiresias war in seinem ersten Leben Priester des Zeus, der, als er am Berg Kyllini auf ein Paar kopulierende Schlangen stieß, aus einer Laune heraus die weibliche Schlange tötete. Erzürnt darüber verwandelte Hera, die Ehefrau von Zeus, Teiresias in eine Frau. Teiresias wurde nun Priesterin der Hera, heiratete und gebar Kinder. Nach sieben Jahren traf Teiresias erneut ein Paar sich begattende Schlangen, tötete diesmal die männliche und wurde wieder in einen Mann verwandelt.

Aufgrund der Erfahrung mit dem Leben sowohl als Mann wie auch als Frau wurde er von den beiden Göttern Zeus und Hera gebeten, die Frage zu klären, welches Geschlecht, Mann oder Frau, in der geschlechtlichen Liebe mehr Lust empfinde. Zeus hatte sich für die Frauen und Hera für die Männer entschieden. Als Teiresias Zeus in seiner Meinung bekräftigte und offenbarte, als Frau neunmal so viel Lust wie als Mann empfunden zu haben, ließ die vor Wut schäumende Hera Teiresias erblinden, weil er den Männern das Geheimnis der Frauen preisgegeben hatte. Zeus konnte die Blindheit von Teiresias nicht rückgängig machen, schenkte ihm aber dafür zum Ausgleich die Gabe des Sehers und siebenfache Lebensdauer.

Warum brauchen Frauen beim Sex immer länger als Männer?

»Was glauben Sie«, fragte mich einmal ein Mann auf einer meiner Lesungen, »warum brauchen Frauen beim Sex immer länger?«

»Weil Männer nicht so viel denken. Wenigstens beim Sex«, antwortete ich spontan und holte dann etwas weiter aus: »Bei Frauen werden die sexuellen Impulse nur dann zu den Lustzentren weitergeleitet und können einen Höhepunkt auslösen, wenn sich die Amygdala – das Angstzentrum im Gehirn – ausschaltet. Hat die Frau Sorgen, fühlt sich gerade nicht wohl oder sexy genug, steht sie unter Zeitdruck oder hat noch viele Dinge auf ihrer To-Do-Liste, schaltet sich dieser bestimmte Bereich im Gehirn nicht ab. Der Weg zum Orgasmus wird dann versperrt. Das kann bis zur letzten Minute noch passieren und ist wahrscheinlich der Grund, warum Frauen drei bis zehn Mal länger brauchen, um zum Orgasmus zu kommen, als Männer.

Nach der Lesung wollte ich noch mehr über diesen Zusammenhang erfahren und stieß auf einen Versuch, bei dem die Gehirnaktivitäten junger Paare gemessen wurden, während sie miteinander schliefen. Bei den Frauen waren zu Beginn viele Gehirnschaltkreise aktiv. Als sich das Paar zu küssen, zu streicheln, zu liebkosen begann, beruhigte sich die Aktivität in manchen Gehirnarealen, während die Aktivität in den Arealen für die Empfindlichkeit von Brust und Geschlechtsorganen zunahm. Sobald die Scheide der Frau berührt wurde, leuchtete die betreffende Gehirnregion in den Aufnahmen rot auf, und während sie immer erregter wurde, nahm die Amygdala eine blaue Farbe an. Dies bedeutete, dass dieses Gehirnareal nun zur Ruhe gekommen war. Als der Mann schließlich in sie eindrang, stellte das Angstzentrum seine Aktivität ganz ein und die Lustzentren pulsierten rot, bis der Orgasmus und die emotionalen und körperlichen Reaktionen den ganzen Körper überrollten. Beim Mann beobachteten die Wissenschaftler, dass schon zu Beginn der sexuellen Handlungen die Areale außerhalb des Sexualzentrums wenig aktiv waren.

Der Orgasmus läuft beim Mann normalerweise wesentlich gradliniger ab. Insofern brauchen Frauen beim Sex zwar im Vergleich zu Männern länger. Wenn man sich aber die enorme Koordinationsleistung ansieht, die der Organismus einer Frau bis zum Erreichen eines Orgasmus bewältigen muss, dann sollte man es in Zukunft unterlassen, von schneller und langsamer zu sprechen. Denn einem Marathonläufer werfen wir auch nicht vor, dass er für seine Distanz länger braucht als ein Hundert-Meter-Sprinter für seine Strecke.

Beim Liebesspiel ist es wie beim Autofahren:
Die Frauen mögen die Umleitung,
die Männer die Abkürzung.

Jeanne Moreau

Ist Sex für Ihn etwas anderes als für Sie?

Im Rahmen meiner Coachingarbeit suchte mich ein Paar auf, das an den kommunikativen Nullpunkt gelangt und kurz davor war, sich endgültig zu trennen. Sie beklagte sich darüber, dass er sich nicht in sie hineinversetzen könne, er fühlte sich von ihr missverstanden und abgewertet. Der abendliche Ablauf ihres Zusammenlebens, der während unseres Gespräches deutlich wurde, machte das Problem deutlich. Sie kommt abgekämpft und müde von der Arbeit nach Hause, überprüft die Hausaufgaben, bereitet das Essen zu, bringt die Kinder ins Bett, macht dann noch kurz etwas Haushalt und bereitet die Dinge für den nächsten Tag vor. Danach fällt sie total erschöpft ins Bett und will nur noch schlafen. Sein Interesse an Sex hat sie zwar registriert, empfindet es aber als Zumutung und denkt genervt: »Sieht er denn nicht, was ich alles mache!« Sie signalisiert ihrem Mann, dass sie keine Lust auf Sex habe, sondern viel lieber gestreichelt werden möchte, um sich endlich entspannen zu können.

Ihr Mann ist bereit, ihr diesen Wunsch zu erfüllen. Da ist nur, dass er zwar streicheln kann, dies jedoch als eine Art Vorspiel ansieht und sich voller Vorfreude in Phantasien darüber ergeht, wann er endlich mit der neben ihm liegenden halbnackten Frau Sex haben wird. Sein Körper ruft alte Instinkte in ihm wach und fleht um sexuelle Befriedigung. Insgeheim gibt er die Hoffnung, dass doch noch etwas laufen könnte, nie auf. Er denkt über ihre Gründe nach, warum sie nicht mit ihm schlafen möchte, und sosehr er sich auch anstrengt, erscheinen sie ihm nicht plausibel. Für ihn zählen sie nicht als echte Begründung, da er in derselben Situation trotzdem Sex mit ihr haben wollen würde. Die Frau spürt diese Erwartungshaltung natürlich, fühlt sich unverstanden und kann sich erst recht nicht entspannen. Am Ende wehrt sie die Zärtlichkeiten ihres Partners barsch ab und schläft wortlos ein. Ihr Mann dagegen ist von ihrer Abweisung gekränkt und überlegt ernsthaft, ob sie vielleicht einen anderen habe oder ob er ihr nicht mehr genüge.

Männer entspannen anders als Frauen. Ihnen hilft Sex eigentlich immer und ohne weitere Vorraussetzungen. Frauen können mit »vollem Kopf« aber keinen Sex bzw. keinen Orgasmus haben, wobei die körperliche Aktivität auch bei ihnen den Stress abbauen würde. Sexualforscher gehen davon aus, dass bei einer Frau die letzten vierundzwanzig Stunden vor dem Sex für ihr Lustempfinden ausschlaggebend sind, während beim Mann nur die drei Minuten davor eine Rolle spielen. Daran sollten die werten Herren der Schöpfung denken, wenn sie morgens noch eine unerfreuliche Diskussion vom Zaun brechen, abends aber Sex haben wollen.

Aber auch die Frauen können sich nicht so richtig vorstellen, wie ihr Partner fühlt. Um ihnen das Maß seiner Kränkung nachvollziehbar zu machen, bitte ich sie in meinem Coaching, sich folgende Situation vorzustellen: Er kommt gestresst nach Hause, begrüßt sie nur flüchtig und zieht sich, ohne ein Wort zu reden, zurück. Nachdem sie ihm hinterherläuft und fragt, was denn los sei, erhält sie eine einsilbrige ablehnende Antwort.

Auf Nachfrage sagt die Frau, dass sie eine solche Situation als enorm belastend empfindet. Wenn ihr Partner sie nicht beachte und nicht mit ihr rede, würde sie spontan annehmen, etwas falsch gemacht zu haben.

Sex ist für einen Mann so wichtig wie Gespräche für eine Frau. Mit Zurückweisungen kommt keines der Geschlechter gut zurecht. Er kann mit sexueller Abweisung schlechter umgehen, während sie mehr unter kommunikativer Zurückweisung leidet.

Daher ist eine aufrichtige Kommunikation in jeglicher Hinsicht der Schlüssel zum gegenseitigen Verständnis. Dabei sollten die Männer versuchen, ihr Gehirn unterhalb der Gürtellinie zwischenzeitlich auszuschalten, und die Frauen, ihres in der Kümmer-dich-um-mich-Region ruhigzustellen.

Frauen müssen zeigen, dass sie ihre Männer lieben, und dürfen dies auch ruhig öfter mal in die Tat umsetzen. Männer sollten ihre Liebe gegenüber ihrer Frau ebenso ausdrücken, aber nicht gleich so handlungsfixiert sein. Frauen reagieren sehr sensibel auf sexuelle Hintergedanken. Sollte ein Mann nicht von ihnen lassen können, dann tut er gut daran, sie ehrlich auszusprechen: »Ich lege deine Lieblingsmusik auf, zünde Kerzen an, gebe dir eine sinnliche Massage, du erzählst mir, wie dein Tag war, und die Wärmflasche, die ich dir vorbereitet habe, wird deine Füße wärmen. Das tue ich nur aus dem einen Grund: Ich will heute Sex mit dir haben.«

Im Tagebuch der Frau steht: »Gestern Abend hat er sich echt komisch verhalten. Ich war den ganzen Tag mit meinen Freundinnen beim Einkaufen und kam deswegen zu spät – womöglich war er deswegen sauer. Irgendwie kamen wir gar nicht miteinander ins Gespräch, so dass ich vorgeschlagen habe, irgendwohin schön essen zu gehen. Er war zwar einverstanden, aber blieb den ganzen Abend schweigsam und abwesend. Ich fragte, was los sei, aber er meinte nur

›Nichts‹. Dann fragte ich, ob ich ihn vielleicht geärgert habe. Er sagte, dass es nichts mit mir zu tun habe und dass ich mir keine Sorgen machen soll. Auf der Heimfahrt habe ich ihm dann gesagt, dass ich ihn liebe, aber er fuhr einfach weiter. Ich versteh ihn einfach nicht, warum hat er nicht einfach gesagt: ›Ich liebe dich auch‹. Als wir nach Hause kamen, fühlte ich, dass ich ihn verloren hatte, dass er nichts mehr mit mir zu tun haben wollte. Er saß nur da und schaute fern – er schien weit weg mit seinen Gedanken. Schließlich bin ich dann ins Bett gegangen. Er kam zehn Minuten später nach, und zu meiner Überraschung hat er auf meine Liebkosungen reagiert und wir haben uns geliebt. Aber irgendwie hatte ich immer noch das Gefühl, dass er abgelenkt und mit seinen Gedanken weit weg war. Das alles wurde mir zu viel, so dass ich beschlossen habe, offen mit ihm über die Situation zu reden, aber da war er bereits eingeschlafen. Ich habe mich in den Schlaf geweint. Ich weiß nicht mehr weiter. Ich bin fast sicher, dass er eine andere hat.«

SMS des Mannes an seinen besten Freund: Gestern Spiel Scheiße, steigen ab. Abends tollen Sex gehabt.

Ist ein großer Penis Garant für guten Sex?

Männer lieben Zahlen. Und sie vergleichen gerne. Am liebsten wäre ihnen wohl, wenn die Länge ihres besten Stückes direkt Auskunft über ihre Fähigkeiten als Liebhaber geben würde. Nach der einfachen Regel: Je länger, desto mehr.

Weit gefehlt, fragt man die Frauen. Diese sehen nämlich allein in der Länge noch kein Qualitätsmerkmal. Im Gegenteil. Für einen langen Penis ist es oft schwieriger, eine ausreichende Erektion aufzubauen, um die Vagina penetrieren zu können. Hingegen ist ein kleiner Penis oft stabiler und für eine Frau befriedigender als ein langer, der wegen seiner Größe nicht ausreichend hart ist. Und: Nicht nur die Geschlechtsorgane der Männer variieren in Länge und Breite, sondern auch der weibliche Körperbau ist äußerst unterschiedlich. Es gibt einige Frauen, denen ein langer Penis unangenehm ist, weil er bei der Penetration an ihre Gebärmutter stößt und dadurch Schmerzen verursacht. Andere Frauen wiederum können nichts mit breiten Penissen anfangen, weil ihre Vagina schmal gebaut ist und ein Eindringen unangenehm sein kann.

Ein Geschäftsmann schickt eine Mail an seine Frau: »Liebste, du verstehst sicherlich, dass ich gewisse Bedürfnisse habe die du, mit 44, nicht mehr befriedigen kannst. Ich bin sehr glücklich mit dir und schätze dich als eine gute Ehefrau. Deshalb hoffe ich, dass du es nicht falsch verstehen wirst, wenn ich den Abend heute mit Jana, meiner 18-jährigen Sekretärin, im Hotel ›Zum Stier‹ verbringen werde. Aber sei nicht beunruhigt. Ich werde vor Mitternacht wieder zu Hause sein. In Liebe, dein Mann«

Als der Mann nach Hause kommt, findet er auf dem Esszimmertisch folgende Notiz: »Habe deine Mail erhalten und danke dir sehr für deine Ehrlichkeit. Bei dieser Gelegenheit möchte ich dich daran erinnern, dass du mittlerweile auch 44 Jahre alt bist. Gleichzeitig möchte ich dich darüber informieren, dass, während du diesen Brief liest, ich mit Jonas, meinem Tennislehrer, der wie deine Sekretärin auch 18 Jahre alt ist, im Hotel ›Zur Einkehr‹ sein werde. Als erfolgreicher Geschäftsmann und mit deinen exzellenten Kenntnissen in Mathematik verstehst du natürlich, dass wir in der gleichen Situation sind – jedoch mit einem kleinen Unterschied: 18 geht öfter in 44 als 44 in 18! Und darum, konsequenterweise, brauchst du vor morgen früh nicht mit mir zu rechnen! Einen dicken Kuss von deiner Frau, die dich wirklich versteht!«

Ist Penetration der Weg zum Höhepunkt?

Vielen Männern geht es im Bett nur um die Penetration. Sie lassen dabei aber ein entscheidendes weibliches Organ außer Acht: die Klitoris. Der amerikanische Sexualforscher Alfred Charles Kinsey fand in den 1960er-Jahren in umfangreichen Befragungen heraus, dass circa achtzig Prozent aller Frauen nicht über die Penetration zum Orgasmus kommen, sondern nur oder vor allem auch durch die Stimulierung der Klitoris. Neurowissenschaftler wiesen später nach, dass der weibliche Orgasmus von der Klitoris ausgeht, die wiederum mit den Lustzentren im Gehirn verknüpft ist.

Während die Penetration nur eine mangelnde Orgasmusgarantie aufweist, sieht es bei der Selbstbefriedigung ganz anders aus. Kaum eine Frau kommt nicht zum Höhepunkt, wenn sie masturbiert. Fast die Hälfte aller Amerikanerinnen gibt an, dass sie bei der Selbstbefriedigung gerne zum Vibrator greift, ihn in erster Linie aber dazu benutzt, die Klitoris zu stimulieren, und ihn nicht in die Vagina einführt. Viele Frauen berichten, dass sie aufgrund ihrer Karriereambitionen keine Zeit in eine Beziehung investieren, gleichzeitig aber nicht auf einen Orgasmus verzichten wollen. Insofern erfreut sich der Vibrator im weiblichen Singlehaushalt eines Platzes im Nachtschränkchen, aus dem er schnell und unkompliziert zur Hand genommen werden kann. Wenn die Solo-Zeit dann wieder beendet ist, wollen die meisten Frauen nicht auf ihr Sex-Toy verzichten. Für manche ist es auch in einer Beziehung der sichere und bequemere Weg zum Orgasmus.

Ich schätze Männer, deren Hirn dehnungsfähiger
ist als ihr Penis.   Sharon Stone

Warum kann Sie nicht kommen, wenn das Bett quietscht?

Der Orgasmus des Mannes ist eine recht einfache Sache. Damit der Mann zum Höhepunkt kommen kann, muss nur ausreichend Blut in seinen Penis fließen. Bei Frauen läuft der Orgasmus hingegen wesentlich komplexer ab, wie genau, ist noch nicht restlich geklärt. Bei der Recherche dazu fällt allerdings auf, dass in Fachbüchern die männlichen Geschlechtsorgane und ihre Funktionen umfangreich thematisiert werden, während es immer noch keine eindeutige und detaillierte anatomische Landkarte für die weibliche Geschlechtslandschaft gibt.

Fest steht, dass selbst kleinste Kleinigkeiten eine Frau kurz vor dem Orgasmus aus der Bahn werfen können. Da reicht schon eine falsche Berührung, eine dumme Bemerkung, ein unangenehmer Geruch oder eben ein unpassendes Geräusch.

Eine Bekannte erzählte mir einmal von einem solchen Vorkommnis. Sie war in eine neue WG eingezogen, hatte gerade ihr Zimmer fertig eingerichtet und wollte mit ihrem Freund im neuen Bett schlafen. Als es zur Sache ging, fing das Bett an zu quietschten und schlug rhythmisch gegen die Wand. Ihren Freund machte das an. Sie törnte es ab. Und vorbei war es mit dem Happy End am Umzugstag.

Wenn der Mann mit einer Frau schläft, dann denkt er für gewöhnlich nicht. Knallende Betten, quietschende Möbelstücke und der Schleudergang seiner Waschmaschine spornen das Ego des Mannes eher an. Er will mit dem Sex die ganze Wohnung beleben, und das darf auch ruhig jeder mitbekommen. Eine Frau hingegen kann sich nicht so ungestört entspannen, wenn die sexuellen Aktivitäten mit ihrem Mann Ursache für die lautstarke Musik von Möbeln sind. Sie überlegt dann, was Mitbewohner oder Nachbarn jetzt wohl über sie denken, und findet die Vorstellung davon peinlich, und das kann ihre Libido in Sekunden auf null setzen.

Warum gibt es kein Viagra für Frauen?

In der Vergangenheit hat die Wissenschaft viel investiert, um dem Mann über seine erektile Dysfunktion hinwegzuhelfen. Wenn es für den Mann Viagra gibt, das die Erektionsschwierigkeiten des Mannes halbwegs behebt, warum wendet sich die Wissenschaft dann nicht der Potenz der Frauen zu? Immerhin befindet sich die Pille für den Mann seit 1998 auf dem Markt. Hier ist es naheliegend, der Pharma-Welt Diskriminierung vorzuwerfen: Haben Frauen es nicht verdient, dass man sich um ihre Orgasmusprobleme kümmert? Bei meiner Recherche wurde ich jedoch eines Besseren belehrt: Viele pharmazeutische Firmen haben sich über Jahrzehnte bemüht, die Lust-Pille auch für die Frau zu finden, und dabei Millionen investiert. Ein angesehenes Pharmaunternehmen hat sogar nach fünfundzwanzig Jahren offiziell mit der Forschung aufgehört. Grund: Die Faktoren, die Frauen zu einem Orgasmus bringen, sind einfach zu komplex, um sie in einer einzigen Pille zu vereinen.

Etwas Hoffnung kommt von der Charité in Berlin: neuesten Untersuchungen des Instituts für Medizinische Psychologie zufolge können sich Frauen, die an Lustlosigkeit leiden, künftig ein körpereigenes Lusthormon spritzen lassen. Kanadischen Wissenschaftlern ist es nämlich gelungen, das alpha-MSH-Hormon synthetisch herzustellen. Damit könnte zumindest die Lustlosigkeit behoben werden. Die Orgasmusfähigkeit hinkt da jedoch noch ein wenig hinterher.

Würde ich ein Mittel gegen die Orgasmusschwierigkeiten der Frau erfinden, dann hieße meine Pille: »Aphrodite-Gaia-Persephone-Nike«. Der entscheidende Unterschied zwischen den fehlgeschlagenen medizinischen Versuchen und meiner bescheidenen Erfindung bestünde darin, dass sie nicht chemische, sondern rein verbale Substanzen enthielte.

In der griechischen Mythologie ist Aphrodite die Göttin der Liebe, der Schönheit und der sinnlichen Begierde. Jede Frau wünscht sich diese Attribute. Indem er den zauberhaften Wirkstoff »Reden« wie ein unsichtbares Netz zart über sie wirft, kann es dem Mann gelingen, ihr das Gefühl zu geben, Trägerin dieser verführerischen Eigenschaften zu sein. Eine Frau möchte begehrt werden, sich einzigartig und geliebt fühlen. Durch seine Worte, die sie nicht nur verstehen, sondern auch fühlen muss, kehrt Ruhe in sie ein. Ein Gefühl der Wertschätzung breitet sich in ihr aus. Dadurch schmelzen ihre Zweifel, und ihr Selbstbewusstsein wächst. Sie wird offener und bereit, sich fallenzulassen.

Gaia ist die griechische Erdmutter. Sie gehört zu den Urgöttern und entstand direkt aus dem Chaos. Da Frau und Chaos bei vielen Männern Synonyme sind, würde der Gaia-Wirkstoff in meiner Pille bei ihm Verständnis und bei ihr Gelassenheit und Freiheit hervorrufen. Spürt der Mann, dass sie mit Gedanken beladen zu Bett geht, dann sollte er sie zum Reden bringen, ihr zuhören und das Gefühl vermitteln, dass er sie versteht. Durch die Aussprache leert sich ihr Kopf und sie findet Ruhe. Dies funktioniert am besten, wenn er es schafft, sie ins Hier und Jetzt zu holen. Das kann er durch eine sanfte Massage erreichen, bei der sie nach und nach ihren persönlichen Stress vergisst. In Kombination mit einer Duftkerze oder einem angenehm aphrodisierenden Massageöl werden ihre Sinne stimuliert. Durch intensive Blickkontakte, bei denen sie spürt, dass er sie wirklich wahrnimmt, sie akzeptiert und so liebt, wie sie ist, öffnet sich ein Raum des Vertrauens. Auch Streicheleinheiten und zarte Küsse können Unebenheiten wieder ins Lot bringen.

Persephone ist die Fruchtbarkeitsgöttin, die sich mit aller archaischen Leidenschaft gedankenlos (und nicht darüber nachdenkend, ob sie im Bett gerade gut aussieht) holt, was ihr zusteht. Hier geht es um den Liebesakt selbst. Wenn es ihm gelingt, alle Gedanken aus ihrem Kopf zu verbannen und ihr Lustzentrum zu aktivieren, dann wird sie ihren Empfindungen und sexuellen Wünschen nachgeben. Sie wird sich selbst und ihren Partner an die Spitze treiben. Ihr Körper wird zittern, gar beben, um dann befriedigt in einen schwerelosen Zustand zu sinken.

Nike, die Siegesgöttin, braucht keine Worte. Sie thront ganz oben. Im Augenblick des Orgasmus existieren keine Worte.

PS Schlägt man im Lexikon nach, dann findet man unter Nike auch folgende Einträge:
- Sportunternehmen
- Stationäres Boden-Luft-Flugabwehrraketensystem der NATO
- Kleinplanet mit der Nummer 307

Was haben diese drei Punkte nun mit der Lust-Pille für die Frau zu tun? Die Lust-Pille für die Frau muss sportlich gebaut und stets in der Lage sein, ihre hormonellen Raketen abzufangen, dabei immer noch charmant genug, um sie auf Händen zu tragen, und stets zu Diensten, ihr einen Kleinplaneten zu schenken. Und wie wir alle wissen, ist der Planet 307 der Planet der Treue!

Warum schlafen Männer nach dem Sex immer ein?

Das Hormon Oxytocin ist schuld. Oxytocin und Dopamin werden nach dem Orgasmus bei beiden Geschlechtern ausgeschüttet. Bei der Frau lösen die Hormone den Wunsch nach Gesprächen und Schmuserei aus. Der gleiche Hormonschub wirkt bei Männern hingegen einschläfernd, weil er im Hypothalamus wirkt, in dem das Schlafzentrum eingebettet ist. Die medizinische Diagnose dazu heißt Postkoitale Narkolepsie.

Zwei Freundinnen unterhalten sich: »Wie war dein Sex gestern?«

Die eine: »Wieder mal die reine Katastrophe ... Mein Mann kam von der Arbeit, aß sein Essen innerhalb von drei Minuten auf, danach hatten wir vier Minuten Sex und nach zwei Minuten ist er eingeschlafen ... Und bei dir?«

Die andere: »Es war phantastisch! Mein Mann kam nach Hause, führte mich zu einem tollen Italiener aus, danach sind wir langsam nach Hause spaziert, nach einer Stunde Vorspiel bei Kerzenschein hatten wir eine Stunde lang wundervollen Sex, und stell dir vor – danach haben wir noch eine Stunde lang geredet. Mit einem Wort: Traumhaft!«

Zwei Männer unterhalten sich: »Was für einen Sex hattest du gestern?«

Der eine: »Super! Ich kam nach Hause, das Essen stand auf dem Tisch, nachdem ich gegessen hatte, hatten wir Sex und danach bin ich sofort eingeschlafen. Und bei dir?«

Der andere: »Grauenhaft ... Ich komme nach Hause und wir hatten Stromausfall. Deswegen habe ich meine Frau irgendwohin zum Essen mitgenommen. Das Essen war scheiße und so teuer, dass ich kein Geld mehr fürs Taxi hatte. Also mussten wir zu Fuß nach Hause laufen! Zu Hause angekommen, natürlich kein Licht, mussten dann die verdammten Kerzen angezündet werden! Ich war so wütend, dass es eine Stunde dauerte, bis er stand, und danach eine Stunde, bis ich gekommen bin, und deswegen war ich dann so überdreht, dass ich eine Stunde lang nicht einschlafen konnte und komplett zugetextet wurde.«

Warum schauen Männer Pornos, und warum fehlt Frauen dabei die Handlung?

Alle Männer schauen Pornos! Bisher habe ich noch keinen Mann getroffen, der sich willentlich noch nie einen Porno angesehen hätte. Egal, ob in jungen oder in älteren Jahren, heimlich oder öffentlich, hardcore oder plüschig: Männer schauen Pornos!

Und wenn Männer Pornos schauen, dann geht es immer um Masturbation. Männer legen Pornos nicht ein, um einen netten DVD-Abend zu verbringen, sondern weil sie eine sexuelle Lust empfinden. Und diese Lust verzichtet gern auf Handlung, ihr genügt vollkommen und allein der Akt selbst. Die Vorspultaste bei DVD-Playern wurde wahrscheinlich nur für Männer erfunden, damit sie beim Pornoschauen die überflüssige Handlung überspringen und schnell zum eigentlichen Geschehen kommen können.

Für Frauen ist diese Form der Pornographie weniger reizvoll. Sie vermissen eine Handlung oder empfinden sie als albern oder diskriminierend, auf jeden Fall als wenig erotisierend. Mittlerweile aber hat die Industrie diese Marktlücke erkannt und bietet nun Pornos für Frauen an, die auf die weiblichen Vorlieben eingehen. Was unterscheidet Pornos für Männer von denen für Frauen? Erika Lust, eine Frau, die Pornos für Frauen dreht, sagt: »Es ist das Casting, die Dekoration, die Klamotten, die Unterwäsche, die Musik, das Drehbuch – es sind viele Dinge. Ja, aus meiner Erfahrung gucken Frauen – genau wie Männer – Pornos, um zu masturbieren. Aber auch, um zu lernen und um einen kleinen Blick in einen sexuellen Bereich zu werfen, der sie fasziniert. Wir Frauen sind komplexer als Männer.«

Sie schaut sich eine Kochsendung an.
Er sagt zu ihr: »Du kannst doch sowieso nicht
kochen ...!«
Sie antwortet: »Na und, du schaust ja auch Pornos ...!«

Gibt es sauberen Sex?

»Wie sieht das eigentlich mit deiner Ejakulation aus?«, wollte an einem Leseabend Hugo von mir wissen. Bis ganz zum Schluss meiner Lesung hatte er mit seiner Frage gewartet, die meisten Zuhörer waren schon auf dem Nachhauseweg. Nun stand er mit einem breiten Grinsen vor mir, stellte sich kurz mit Namen vor und dass er homosexuell sei und auf dieses »Rumgespritze« nur zu gerne verzichten würde. Er beneidete mich um meine Form des »sauberen Sex« und wollte mich schon vom Fleck weg heiraten, als ich ihm mit einem Woody-Allen-Zitat begegnete: »Sex ist nur dann schmutzig, wenn er richtig gemacht wird.« Wer beim Sex nicht absolut frei ist, der kann weder sauberen noch schmutzigen Sex haben, sagte ich ihm. Nun schaltete sich auch seine attraktive Begleiterin in das Gespräch ein, und erzählte, dass sie überhaupt keine Lust mehr dazu habe, dass ein Mann ihr ins Gesicht ejakuliert. Auch der anwesende Tontechniker konnte seine Erfahrungen zu diesem Thema nicht zurückhalten und berichtete, dass eine Freundin mit ihm Schluss gemacht habe, weil ihr sein Sperma nicht geschmeckt habe. Diese Aussage hätte ihn so irritiert, dass er jahrelang Probleme mit Oralsex gehabt hätte.

Existiert ein Treue-Gen?

»Eine simple Gentherapie macht aus lasterhaften Mäuse-Männchen treue Ehegatten. Die neue Technik könnte eines Tages auch beim Menschen angewandt werden, glauben amerikanische Wissenschaftler, denn die Hormon-Mechanismen ähneln einander.« Nach dieser Zeitungsmeldung gibt es es also – das Treue-Gen!

In der Natur ist Treue eigentlich ein sehr seltenes Phänomen. Nur drei Prozent der Säugetierarten bleiben über den Geschlechtsakt hinaus zusammen. Eine Ausnahme bilden die Präriewühlmäuse. Anders als bei den meisten Nagern leben diese Wühlmäuse monogam. Sie ziehen ihre Jungen gemeinsam auf und verteidigen ihr Revier gegen Eindringlinge. Zwei wesentliche Hormone zeigen sich für das Bindungsverhalten und damit für die Monogamie verantwortlich: Vasopressin und Oxytocin. Aber nicht alle Wühlmäuse leben monogam. Zum Beispiel toben sich die Rocky-Mountains-Mäuse in ihren sexuellen Leidenschaften promiskuitiv aus, ihnen fehlt das Treue-Gen. In einem Versuch spritzten nun Wissenschaftler einer männlichen Wühlmaus dieser Spezies Vasopressin. Ergebnis: Die ursprünglich sexuell wild lebende Maus wurde zum umsorgenden Mäusevater!

Ich kann mir vorstellen, dass viele Leserinnen nun überlegen, in die Internetsuchmaschine »Vasopressin kaufen« einzugeben, um diese vielversprechende Hormonladung ihrem Freund zu verabreichen. Meine Damen, so leicht ist es leider nicht! Eure Männer werden nur dann monogam, wenn verschiedene Faktoren zusammenspielen.

Im männlichen Gehirn sorgt tatsächlich vor allem Vasopressin für das Bindungs- und Elternverhalten. Damit sich aber ein Mann an eine Liebespartnerin bindet, benötigt er mehr als eine Hormonausschüttung. Angeregt vom Testosteron und ausgelöst vom Orgasmus sorgt das Vasopressin für mehr Energie und Aufmerksamkeit. Erlebt ein verliebter Mann die andauernde Wirkung dieses Hormoncocktails, konzentriert er sich ausschließlich auf seine Auserwählte.

Was bei Männern das Vasopressin und das Oxytocin regeln, bewirken bei Frauen überwiegend das Östrogen und das Oxytocin. Die Ausschüttung der beiden Hormone funktioniert über Berührungen und Streicheleinheiten sowie durch das Ausleben sexueller Leidenschaften. Studien haben herausgefunden, dass bereits ein längerer liebevoller Blick des Partners bei einer Frau Oxytocin freisetzen kann. Laut wissenschaftlicher Forschung müssen Frauen Männer zwei- bis dreimal häufiger berühren, damit sie den vergleichbaren Oxytocinspiegel erreichen.

Gerne würde ich auch hier die Beschaffung von Oxytocin per Internet oder in der nahe gelegenen Apotheke übernehmen, um den Damen das häufige Streicheln und Kuscheln zu ersparen. Hier könnte der Schuss jedoch nach hinten losgehen. Als Medikament in Tablettenform, Nasenspray oder intravenös verabreicht hat es bei Männern negativen Einfluss auf das Urteilsvermögen. Um diese Annahme zu prüfen, verabreichten Wissenschaftler einer Gruppe von potentiellen Investoren an der Börse ein oxytocinhaltiges Nasenspray und verglichen seinen Effekt mit einer Gruppe, die nur ein Placebospray benutzte. Der Einfluss des Oxytocins brachte die Investoren dazu, doppelt so viel Geld einzusetzen wie die Gruppe, die nur das Placebospray bekommen hatte. Das Hormon schaltet bei Männern das kritische Denken ab und trübt ihr Urteilsvermögen.

Ist Monogamie noch lebbar?

Ich möchte die Frage in eine Aussage verwandeln: Monogamie war noch nie lebbar! Es ist meines Erachtens eine falsch verstandene Treue, die uns immer wieder in Beziehungen oder Ehen an unsere Grenzen bringt und zu Trennungen führt. Laut einer Studie aus der Schweiz, die im Jahr 2011 durchgeführt wurde, leben drei Viertel der Bevölkerung in einer Partnerschaft. 36 Prozent der Frauen und 44 Prozent der Männer geben an, dass sie schon Sex außerhalb der festen Beziehung hatten. 72 Prozent der Befragten gestanden, dass sie Lust zum außerehelichen Sex hätten, wenn sie die Gelegenheit dazu bekämen.

Diese Zahlen widersprechen natürlich allen Treueschwüren und Lippenbekenntnissen, die ja vor allem die Treue unseres Partners gewährleisten sollen, weil wir nicht wollen, dass er sich mit jemand anderem vergnügt. Doch belügen wir uns dabei nicht selbst, wenn wir unsere Emotionen und Bedürfnisse unterdrücken oder allenfalls nur heimlich ausleben?

Für mich ist die beste Alternative zu erzwungener Treue oder ständig wechselnden angeblich monogamen Kurzzeitbeziehungen die in sexueller Hinsicht offene Beziehung, bei der ein Seitensprung nicht gleich das Ende der Beziehung bedeutet. Denn in der Regel ist es nicht die Untreue, die die Bindung zerstört, sondern das, was wir damit verbinden. Wenn wir uns aber der Loyalität und des Vertrauens unseres Partners sicher sind, kann ein Seitensprung uns wenig anhaben. Wahre Liebe ist überall da möglich, wo das Ego nicht im Vordergrund steht und man einem geliebten Menschen alles gönnt.

In Wahrheit macht uns unser Bild von der unbedingten Treue so sehr zu schaffen. Ich persönlich sehe eine Beziehung im Sinnbild zweier Flüsse, die ineinanderfließen. In einem harmonischen Zusammenleben wird daraus ein breiter starker Strom. In der Natur besitzt jeder Fluss auch Nebenflüsse und Abzweigungen und sein Wasser breitet sich darin aus. Diese Nebenflüsse sind das Sinnbild für unsere Mitmenschen. Wieso können wir nicht irgendwo anders stehenbleiben und staunen? Es gibt so viele Menschen, die uns bewegen, erfrischen und weiterbringen. Sollen wir sie in unseren Emotionen ignorieren nur auf Grund einer falsch verstandenen Moral? Oder sollen wir nicht lieber diese Energien nutzen? Wenn wir uns wohl fühlen, genießt auch unser Partner diese Stimmung. Voraussetzung für dieses bedingungslose Zusammensein und die Stärke eines breiten Flusses ist natürlich die ehrliche Kommunikation miteinander.

Wie schaffe ich es, mit meinem Partner offen über Sex zu sprechen?

»Seit siebzehn Jahren bin ich mit meinem Mann verheiratet. Unsere Sexualität hat sich, wie soll ich sagen, standardisiert. Wir schlafen miteinander, sprechen aber nicht darüber. Ich jedoch würde gerne einmal mit ihm über meine und seine Empfindungen sprechen! Wie mache ich das, ohne dass ich ihn verletze oder vor den Kopf stoße?«, fragte mich eine Frau mittleren Alters in einem Seminar. Ich riet ihr zuerst, nicht mit der Tür ins Haus zu fallen. »Schatz, ich möchte gerne mit dir über unser Sex-Leben reden«, weckt eher Fluchtgedanken beim Partner, als dass es ein guter Ansatz ist, mit dem Partner ein entspanntes Gespräch zu beginnen.

Besser ist es da, das Thema eher beiläufig zu erwähnen, etwa: »Ich habe da etwas über Beziehungen gelesen, glaubst du …!« Diese Frage bedeutet eine niedrige Schwelle, um ins Thema Sex einzusteigen, und vielleicht schafft man es dann, vom Allgemeinen auf die persönliche Situation zu sprechen zu kommen.

Ist man da angelangt, hört man sich den Standpunkt des anderen am besten einmal aufmerksam an, ohne gleich zu kommentieren oder zu werten. Egal, ob der Sex als miserabel, akzeptabel oder gigantisch empfunden wird, wer Offenheit, Akzeptanz und Respekt zu den Grundregeln seiner Kommunikation macht, wird eher eine konstruktive Reaktion von seinem Partner erfahren als jemand, der übersteigert erwartet und abwertend kritisiert.

Leider reden viele Paare erst dann über ihr Sexualleben, wenn es für ein besonnenes Gespräch schon viel zu spät ist und sich bereits negative Emotionen aufgestaut haben, die dann verletzend herausplatzen. Aus einer solchen Ausgangssituation heraus ist es schwierig, an ein heikles Thema wie das der Sexualität zu gehen. Wenn wir es aber schaffen, in unseren Beziehungen stets zu signalisieren, was wir uns wünschen, und die Signale des anderen gleichermaßen annehmen, dann haben wir eine sehr gute Basis für einen herrlichen Sex geschaffen.

Beschert uns nur Sex einen Orgasmus?

Ich war ungefähr zwölf Jahre alt und freute mich über den Anruf der Putzfrau aus der Diskothek meiner Eltern. Eine ihrer Hilfskräfte war erkrankt und sie brauchte Unterstützung. Die gute Seele unseres Hauses, meine Oma, sprang sofort ein und nahm meine damals fünfjährige Schwester und mich mit. Ein leerer Club ist ein abenteuerlicher Spielplatz und eine wahre Schatzkiste für Kinder. Während meine Oma mit Staubsauger und Wedel durch die Hallen huschte, spielte ich für die Putzcrew und meine Schwester den Diskjockey. Da ich wusste, dass meine Oma deutsche Schlager liebte, ließ ich es mir nicht nehmen, zwischen den aktuellen Hits, die meiner Schwester und mir gefielen, gelegentlich auch ein paar alte Schinken aufzulegen. Meine Schwester hopste in ihrer lila Feinstrumpfhose, ihrem bunten Rock und ihrem Rüschenblüschen über die Tanzfläche und drehte sich hundertfach um sich selbst. Zum Unmut einiger Putzfrauen versuchten meine Schwester und ich, unsere Gesangsqualitäten zu verbessern, indem wir uns mit Mikrophon und Euphorie bewaffneten. Binnen Sekunden trafen mich diese speziellen Nimm-dich-in-Acht-Blicke, die Frauen Männern wortlos zuwerfen und sie in die Knie zwingen. Sofort legte ich die Nummer eins der Wochencharts auf, um das Wohlwollen des ganzen Putzteams wieder zu erlangen. Einen Augenblick beobachtete ich noch erleichtert die gute Laune und die tanzenden Schürzen und Kopftücher, bevor ich mich auf geheime Schatzsuche begab. Ich wusste von früheren Aufenthalten, dass die nächtlichen Besucher des Clubs immer wieder einiges an Kleingeld aus ihren Hosentaschen verlieren. In gebückter Haltung suchte ich unter der Bar und bei den Geldspielautomaten nach Münzen. Ich roch den kalten Zigarettenrauch und das verschüttete Bier. Der Geruch von Geld war für meine Nase nicht viel anders, und schnell hatte ich einiges davon gefunden.

Meine Eltern wollten nicht, dass ich der Glücksspielsucht verfalle, und hatten mir verboten, an den Geldspielautomaten mein gefundenes Kleingeld in eine potentiell niedrige Chance auf einen Gewinn zu investieren. Wenn aber keiner zuschaute, gelang es mir doch ab und an, ein paar Münzen hineinzuwerfen und meine Schnelligkeit an den Tasten zu erproben. Ich begriff jedoch bald, dass es wesentlich spannender war, das Geld zu finden, als es sinnlos wieder zu verspielen, und erlebte dabei zum ersten Mal die Freude des Schenkens. Von meinem gefundenen Geld kaufte ich nämlich Blumen für jede Putzfrau. Nie hätte ich erwartet, welche Freude ich ihnen mit dieser kleinen Aufmerksamkeit machte und wie glücklich mich das selbst stimmte. Als ich ein paar Jahre älter war und in meinen eigenen vier Wänden wohnte, erinnerte ich mich gelegentlich an diese Glücksmomente, die zu teilen ein ganz besonderes Gefühl in mir hervorriefen.

Es war Muttertag. Als ich meine kleine Wohnsiedlung verließ, sah ich meine ältere Nachbarin im Garten wurschteln. Sie machte keinen sonderlich glücklichen Eindruck auf mich. Spontan fasste ich den Entschluss, ihr ein Muttertagsgeschenk zu machen. Nachdem ich einen schönen Blumenstrauß besorgt hatte, klopfte ich munter an ihre Balkontür. Sie öffnete verdutzt die Tür, denn viel Kontakt hatten wir bis dahin nicht gehabt. Ich küsste sie auf die Wange und übergab ihr meine Blümchen mit den Worten: »Heute ist Muttertag. Auch wenn Sie nicht meine Mutter sind, soll Sie trotzdem eine kleine Freude erreichen.« Die Freude der Frau über dieses unerwartete kleine Geschenk übertrug sich auf mich und füllte mich für einen Moment ganz aus. Es war ein magischer Moment – ein Orgasmus des Augenblicks.

Ich kann mich noch an eine weitere Situation erinnern. Meine damalige Freundin und ich wollten uns bei einer Bekannten für ein altes Klavier bedanken, das sie uns überlassen hatte. Wir besorgten einen großen Blumenstrauß, den die Floristin schön gebunden hatte, und verließen glücklich den Blumenladen. Als wir zu Fuß weitergingen, waren wir sehr ausgelassen, sprachen über Glück und wie einfach es manchmal ist, es weiterzugeben. Spontan schlug ich vor, dass wir der ersten Person, die lächelte, unseren Blumenstrauß überreichen sollten. Wir blieben also mitten

134

auf dem Bürgersteig stehen, um die Menschen, die an uns
vorbeizogen, anzusehen. Die meisten waren in Gedanken
oder schauten mürrisch drein. In der Ferne sahen wir eine
ältere Frau, die uns leicht humpelnd auf unserer Straßen-
seite entgegen kam. Als sie in unserer Nähe war, sahen wir,
dass sie trotz ihrer Gehbehinderung lächelte. Wir hielten
sie freundlich an und überreichten ihr den Blumenstrauß
mit der Erklärung, dass sie als Einzige unter den vielen
Menschen auf der Straße gelächelt habe. Neugierig fragten
wir sie nach dem Grund. Sie antwortete, dass ihre Mutter
heute Geburtstag habe und sie sich auf den Nachmittag
mit ihr freue. Abgesehen davon sei es ein sonniger Tag,
über den sie einfach gerne lächle. Jetzt freute sie sich noch
mehr, weil sie den Blumenstrauß nicht für sich behalten,
sondern ihn gleich an ihre Mutter weiterschenken wollte.
Genau an dieser Stelle greift das Glücks- oder das Orgas-
mus-des-Augenblicks-Prinzip: Die Frau ging vermutlich
freudestrahlend nach Hause, wird den Strauß ihrer Mutter
überreicht haben, die sich ebenfalls freute und vermutlich
dann auch ihre gute Laune weiterverbreitete. Ist es nicht in
Wahrheit ziemlich einfach, den Orgasmus des Augenblicks
zu aktivieren, wenn wir lernen, uns über die kleinen Dinge
im Leben zu freuen und nichts für selbstverständlich zu
halten?

»Ich habe drei Schätze,
die ich hüte und hege.
Der eine ist die Liebe,
der zweite ist die Genügsamkeit,
der dritte ist die Demut.

Nur der Liebende ist mutig,
nur der Genügsame ist großzügig,
nur der Demütige ist fähig
zu herrschen.«

Laotse

Warum stören wir uns an Beziehungen, die anders sind?

Mann – Frau – Mensch

Ein kleiner Junge kam an einer Tierhandlung vorbei und schaute durch die Glasscheibe in den Laden. Da der Ladenbesitzer gerade an der Tür stand, fragte er ihn: »Was kosten die Hundebabys?« »Zwischen 45 und 75 Euro«, sagte der Mann. Der kleine Junge griff in seine Hosentasche und zog etwas Kleingeld heraus und entgegnete: »Ich habe 3,73 Euro. Darf ich sie mir bitte anschauen?« Der Ladenbesitzer schmunzelte und pfiff nach seiner Hündin. Sieben kleine Hundebabys stolperten hinter ihr her. Eines von ihnen war deutlich langsamer als seine Hundegeschwister und humpelte auffällig den anderen hinterher. »Was hat der Kleine da hinten?«, fragte der Junge. Der Ladenbesitzer erzählte ihm, dass der Welpe einen Geburtsfehler hat und nie richtig laufen können würde. »Den möchte ich kaufen!«, sagte der Junge. Der Ladenbesitzer schaute verwirrt und antwortete: »Also den würde ich nicht nehmen, der wird nie ganz gesund. Aber wenn du ihn unbedingt willst, schenke ich ihn dir.« Der kleine Junge wurde augenblicklich wütend, schaute dem Mann tief in die Augen und rief: »Ich möchte ihn aber nicht geschenkt haben! Dieser kleine Hund ist jeden Cent wert, genau so wie die anderen auch. Ich gebe Ihnen meine

3,73 Euro und werde Ihnen jede Woche einen Euro bringen, bis er abbezahlt ist.« Der Mann entgegnete nur: »Ich würde ihn wirklich nicht kaufen – er wird niemals in der Lage sein, mit dir zu toben wie die anderen. Überleg dir das gut.« Da hob der Junge sein Hosenbein, und sichtbar wurde eine Prothese, die seinen Unterschenkel darstellte. Liebevoll auf den Hund blickend sagte er: »Ach, ich renne selbst auch nicht gerade gut, und dieser kleine Hund wird jemanden brauchen, der ihn versteht!« Der Mann biss sich auf die Unterlippe. Tränen stiegen in seine Augen, er lächelte und sagte: »Mein Junge, ich hoffe und bete zum Universum, dass jedes einzelne dieser Hundebabys einen Besitzer wie dich haben wird.«

Ist das Geschlecht eines Menschen wirklich so wichtig?

Wenn wir einem Menschen begegnen, mögen wir sein Alter, seinen Beruf, seine Augenfarbe, seine Hobbys und noch vieles mehr nach einiger Zeit wieder vergessen haben. Aber wir werden niemals das Geschlecht eines Menschen vergessen. Wir speichern in der ersten Sekunde einer Begegnung ab, ob unser Gegenüber weiblich oder männlich ist. Weil wir unser eigenes geschlechtliches Selbstbewusstsein auch daraus ziehen, wie uns unsere Umwelt wahrnimmt, ist es für uns von so großer Bedeutung, dass unser Eigenbild mit dem Fremdbild relativ früh harmoniert.

Was entscheidet über das Geschlecht eines Menschen?

Ausgehend von meinem Gehirn bin ich als ganz normaler Junge auf die Welt gekommen. Mir fehlten lediglich jene Details, die für einen Großteil der Gesellschaft aber den entscheidenden Unterschied zwischen Weiblein und Männlein ausmachen. Die Unterscheidung nach oberflächlichen und damit erkennbaren Merkmalen leuchtet mir auf der einen Seite ein. Anderseits erscheint sie mir aber als zu eindimensional, weil die Natur sich wesentlich vielschichtiger präsentiert, als unser Hang zur schnellen Kategorisierung dies zulässt.

Schaue ich mir die neusten Modelle dreidimensionaler Fernseher an, dann frage ich mich: Sind wir überhaupt schon bereit für eine dritte Dimension, wenn wir es in unserem Alltag noch nicht einmal schaffen, die dritte Dimension Mensch zu sehen und zu akzeptieren? Menschen, die vollkommen ohne technischen Fortschritt auskommen, sind in diesem Punkt viel weiter entwickelt als wir. Bei den nordamerikanischen Indianern gibt es zum Beispiel die »Two-Spirit-People«. In dieser Kultur können biologische Männer, die aber auch typische weibliche Verhaltensweisen zeigen, mit anderen Männern Sex haben, ohne gleich als homosexuell angesehen zu werden. Auf der indonesischen Insel Sulawesi unterscheidet das Volk der Bugi fünf Geschlechter. Neben »normalen« Frauen und Männern gibt es die Calalai, anatomische Frauen mit typisch männlichen Vorlieben, und die Calabai, anatomische Männer mit typisch weiblichen Vorlieben. Das fünfte Geschlecht nennen sie Bissu. Das sind Menschen, die weder eindeutig einen Mann noch eine Frau verkörpern, sondern eher eine Kombination aus beiden darstellen. Sie tragen ihre besondere Kleidung, können anatomisch weiblich, männlich oder intersexuell sein und gelten als Heiler und Vermittler zwischen Menschen und Geistern.

Mir geht es in meiner Vision nicht ausschließlich um die Akzeptanz von Männern oder Frauen, die mit den falschen Geschlechtsmerkmalen geboren werden, sondern primär um den Respekt für Menschen, die von der Norm abweichen. Viele von uns sind psychisch labil, geistig oder körperlich behindert, depressiv, streben nach einem unerfüllbaren Perfektionismus, haben Zwangs-, Angst- und Essstörungen, leiden an Beziehungs- und Trennungsangst, sind Autisten oder Mutisten, haben unkontrollierte Wutausbrüche und Selbstmordgedanken. Im Prinzip weichen wir doch alle in irgendeinem Bereich von der Norm ab! Erich Fromm merkte schon 1955 an, dass die angeblich »Kranken« oder »Gestörten« eigentlich die Normalen seien, weil sie zumindest noch Symptome zeigten und sich nicht so abgestumpft und angepasst verhielten wie der »normale« Mensch, der nur nicht auffallen möchte, obwohl er eigentlich gerne ganz anders wäre.

Es liegt auf der Hand, dass den Menschen wesentlich mehr als nur das Geschlecht ausmacht. Die äußeren Geschlechtsmerkmale sind kleine Details, die das ganze Bild, bestehend aus Geist und Seele, nur komplementieren.

Die biologische Erklärung für die Unterscheidung der Geschlechter ist, dass der Träger der XX-Chromosomen eine Frau und der Träger der XY-Chromosomen ein Mann ist. Aber können wir es uns tatsächlich so einfach machen? Gewiss nicht. Denn die Natur ist alles andere als vorhersehbar und begrenzt in ihrem Spieltrieb. Im Laufe der Evolution haben sich immer wieder neue Tier- und Pflanzenarten entwickelt, sich verändert, sind ausgestorben oder haben sich weiterentwickelt. Auch der Mensch hat eine erstaunliche Entwicklung vom Frühmenschen bis zum Homo sapiens sapiens zurückgelegt. Wer sagt, dass diese Entwicklung abgeschlossen ist? Es gibt nichts, was es nicht gibt, und selbst jene Arten, die wir uns in heutiger Zeit kaum vorstellen können, werden vielleicht irgendwann einmal existieren.

Diejenigen Aspekte, die wir in unserem Gehirn wirklich messbar machen können, sind wenige. Auch wenn wir in der Forschung weit vorangeschritten sind, wird der Mensch als ganzes, komplexes Konstrukt niemals erkannt, geschweige denn in seinem Zusammenspiel von Körper und Geist beschrieben oder vermessen werden können. Dazu existieren zu viele Faktoren, die in keine Zahlen- oder Buchstabenstatistik passen. Deshalb sind wir auch vielfältiger, als die Buchstabenkombination XX und XY uns das suggeriert.

Verschiedene Chromosomenabweichungen können zu Normvarianten führen, wie zum Beispiel dem Klinefelter-Syndrom. 1942 hatte der US-Endokrinologe Harry Klinefelter, nach dem das Syndrom genannt ist, herausgefunden, dass der typische Karyotyp eines Mannes, nämlich 46-XY, durchaus Abweichungen aufweisen kann. Im Falle des Klinefelter-Syndroms bei Jungen und Männern enthalten mehr oder weniger Körperzellen ein oder mehr zusätzliche

X-Chromosomen. Das ergibt den Buchstabensalat 47-XXY, 48-XXXY usw. Forscher schätzen, dass diese Chromosomenabweichung bei jedem 590. bis 900. Neugeborenen auftritt. Auswirkungen und Symptome variieren von Fall zu Fall. Generell handelt es sich um eine Keimdrüsenunterfunktion im Pubertätsalter, die meistens zur Folge hat, dass die betroffenen Männer unbehandelt keine Kinder zeugen können, da ihre Hoden im Laufe ihrer Pubertät schrumpfen und sie keine funktionstüchtigen Spermien produzieren können.

Ein Philosoph sagte einmal, dass wir ebenso viele Atome in uns haben, wie es Sterne im Universum gibt. Ich glaube, dass wir durch alles, was uns körperlich ausmacht, mit dem großen Ganzen verbunden sind. Es spielt keine Rolle, welche Buchstaben oder Bezeichnungen uns als Mann, Frau oder was auch immer definieren. Menschen schreiben sie auf Papier, weil sie messbar und objektivierbar scheinen. Aber im Grunde genommen wollen sie nur ihre weltlichen Zweifel im Angesicht der höheren Ordnung der Dinge übertünchen. Wer Zweifel hegt, geht meist den Weg der Vernunft, des Nachweisbaren und Dokumentierbaren. Der Mensch aber, der nicht zweifelt, sucht seine eigene Wahrheit, indem er sich auch von seiner Intuition leiten lässt. Du kannst nicht wissen, wer du bist oder welches Geschlecht du hast, solange du nicht fühlst, wer du tatsächlich bist. Und wenn es dir beliebt, dann sei eben ein QR – oder IJ – Chromosomen-Spiel!

Was macht eine Frau aus?
Was macht einen Mann aus?

Nach dem Erscheinen meines ersten Buches haben mich Lehrer, Studenten und Schüler aus den unterschiedlichsten Gründen angeschrieben. Mal baten sie mich um eine Stellungnahme für ein Referat oder eine Diplomarbeit, mal luden sie mich zum Unterricht ein.

Die Zusammenarbeit mit den Schülern macht mir besonders viel Spaß. Je nach Absprache mit den Lehrern bereite ich eine kurze Lesung als Einführung zum Thema und eine Powerpoint-Präsentation vor. In vielen Fällen wissen die Schüler vorher nicht, wer sie da besuchen kommt, und auch die Thematik, die der Gast präsentieren will, ist ihnen bis zu diesem Zeitpunkt meist fremd.

Ich fange in der Regel sehr offen an und frage die Schüler, was für sie im positiven Sinn typisch männlich und was typisch weiblich ist. Interessant ist für mich zu sehen, dass Jugendliche offenbar eine eindeutige Meinung dazu haben, was eine Frau bzw. was einen Mann ausmacht. In neunundneunzig Prozent der Fälle drehen sich ihre Antworten um das Aussehen und die Wirkung eines Menschen. Beim Mann komme es hauptsächlich auf die Körperbehaarung, die tiefe Stimme sowie auf ein selbstbewusstes Auftreten und ein starkes Durchsetzungsvermögen an. Bei Frauen hingegen stehen ein gutes und gepflegtes Äußeres und ein ruhige und ausgeglichene Art im Vordergrund, so der Tenor der jugendlichen Einschätzungen.

Nachdem ich meine Ausführungen beendet habe, zeige ich den Schülern gerne Fotos und lasse sie raten, welches

Geschlecht die darauf gezeigte Person besitzt. Personen mit eindeutigen identifizierbaren Geschlechtsmerkmalen verleiten sie schnell zu spontanen Kommentaren wie »geiler Typ«, »Porno« oder »heiße Braut«. Zum Schluss hole ich dann ein Bild hervor, das schwerer einzuordnen ist, und fordere die Klasse auf, spontan ihren Gedanken freien Raum zu lassen.

Einmal meldete sich ein Mädchen zu Wort. Während ihre Mitschüler wild spekulierten »Das ist ein Mann!«, »Das ist eine Frau!«, sagte sie, als ich sie drannahm: »Ich sehe nur einen Menschen. Alles andere ist nicht so wichtig.«

Diese Antwort hat mich verblüfft und beeindruckt, genau so ist es! Wenn wir den Menschen in unserem Gegenüber sehen, ist das der erste Schritt dazu, ihn vorurteilsfrei zu verstehen.

Ich hoffe sehr, dass die Schüler von meinen Besuchen etwas für sich gewinnen können. Die Lehrer sind oft erstaunt über die Tatsache, dass ihre Schüler sehr schnell verstehen, dass es gar nicht so sehr um Transsexualität geht, sondern vielmehr um den Mut, seinen ganz persönlichen Weg im Leben zu finden und zu gehen. Mit meiner Geschichte komme ich sehr nah an das, was die jungen Menschen umtreibt. Denn viele von ihnen stellen sich in diesem Alter die Frage, wer sie eigentlich sind und was sie später einmal werden möchten. Wir müssen ihnen dabei Möglichkeiten aufzeigen, sich selbst zu finden, auch wenn das bedeutet, dass ihr Weg nicht immer der elterlichen oder gesellschaftlichen Vorstellung entspricht. Dafür aber – und das halte ich für das Wichtigste überhaupt – werden sie zu mit sich selbst zufriedenen Menschen.

Was macht schon eine Frau oder einen Mann aus? Die sinnvollere Frage lautet: Was macht einen Menschen aus?

Wozu gibt es das männliche und das weibliche Geschlecht?

Wenn eine höhere Macht den Menschen geschaffen hat, dann hat sie zwei Adams oder zwei Evas hervorgebracht – je nachdem, wie man es sehen möchte. Sie schuf einen männlichen und einen weiblichen Adam oder eben eine weibliche Eva und eine männliche Eva. Auf dieser Erde herrschen bestimmte Gesetzmäßigkeiten, von denen wir Menschen uns nicht einfach loslösen können. Eine dieser Gesetzmäßigkeiten besteht in einem überall präsenten Dualismus: Was wäre die Ebbe ohne die Flut, der Tag ohne die Nacht, die Sonne ohne den Mond? Das Leben bewegt sich in einem ständigen Auf und Ab, einem Hin und Her, das eine zuverlässige Veränderung aller Formen in sich birgt. Ohne den Tag gäbe es keine Nacht. Ohne das Licht existierte keine Dunkelheit. Ohne Adam keine Eva, ohne Eva kein Adam. Das Universum musste zwei gegensätzliche Wesen erschaffen, um uns im Gleichgewicht, in Harmonie leben zu lassen.

Mann und Frau sehen einander, erkennen sich im anderen. Unser Gegenüber hütet den Spiegel unseres eigenen Seins und ermöglicht im Zusammensein mit seinem Gegenpart die Verschmelzung des Dualismus. In jedem von uns stecken zwei Herzen – ein Herz von Adam und eines von Eva. Mann und Frau haben sich vereint, sie enthalten beide einen Teil ihres Gegenübers.

Diese Gegensätzlichkeit sollten wir nicht nur an der Oberfläche akzeptieren. Denn wenn schon der Dualismus im Außen zwei Gegenpole benötigt, wie können wir dann den Dualismus in unserem Inneren ablehnen? Und worüber könnten wir dann noch staunen?

Was passiert, wenn die geschlechtliche Eindeutigkeit fehlt?

Ein Blick ins Tierreich genügt, um die Variationsbreite und den Einfallsreichtum der Natur zu begreifen. Lippfische zum Beispiel sind in der Lage, ihr Geschlecht zu wechseln. Dies hängt stark von der Populationsdichte und den Stressfaktoren ihrer Umwelt ab. Bekannt ist auch, dass Clownfische, sollten sie ihre Partnerin verlieren, ihr Geschlecht von männlich zu weiblich ändern können, um eine höhere Chance auf Fortpflanzung zu haben. Der Film »Findet Nemo« ist in dieser Hinsicht irreführend. Denn nach dem Verlust seiner Frau müsste Nemos Vater eigentlich zu einem Weibchen werden. Dass Walt Disney diese Botschaft nicht transportiert hat, ist ihm nicht zu verübeln. Märchen spiegeln nicht die Realität wider. Wir aber leben in keinem Märchen und sollten daher den Anspruch erheben, alles, was es gibt, als Teil unserer Realität anzuerkennen.

Die Wissenschaft mag uns dabei zur Seite stehen. Und wenn wir mal ehrlich sind, dann liegen die wissenschaftlichen Erkenntnisse von unseren intuitiven Vermutungen gar nicht so weit entfernt.

Kommt ein Kind auf die Welt, schauen Ärzte zunächst zwischen die Beine dieses kleinen Menschen, um festzustellen, ob es männlich oder weiblich ist. Doch was passiert, wenn keine Eindeutigkeit festzustellen ist? Dann herrscht erstmal große Ratlosigkeit und Welten brechen zusammen. Während die Ärzte darüber beratschlagen, wie nun ihr nächster Schritt aussehen wird, muss die Hebamme den Eltern erklären, dass ihr Kind weiblich und männlich ist. Und die verzweifelten Eltern werden sich fragen, warum das ausgerechnet ihnen passieren musste und wie sie es ihren Mitmenschen erklären oder, wahrscheinlicher, wie sie das uneindeutige Geschlecht ihres Kindes geheim halten können.

Leider ist es immer noch so, dass ein Großteil der Welt Uneindeutigkeit nicht ertragen kann. Wenn ein Baby beispielsweise mit männlichen und weiblichen Geschlechtsmerkmalen und somit in der Fachsprache als »intersexuell« geboren wird, entscheiden sich die Mediziner in vielen Ländern für den bequemeren Weg. Es ist nämlich chirurgisch einfacher, »ein Loch zu graben, als einen Pfahl zu errichten«. Daher wurden auch in der Vergangenheit aus uneindeutigen Neugeborenen vermehrt Mädchen »gebastelt«, auch wenn ihre Geschlechtsidentität vielleicht auf das männliche Geschlecht programmiert war.

Wie aber sehen die Alternativen aus? Abwarten, bis der Mensch selbst entscheiden kann? Es so lange mit der Ungewissheit aushalten, bis die immer größer werdenden Belastungen den Menschen zu einer Entscheidung zwingen?

Bei meinen Recherchen zu diesem Buch traf ich zufällig auf Betty. Betty war eine bezaubernde Erscheinung. Hochgewachsen und mit langen blonden Haaren trat sie sehr selbstbewusst auf. Ihr charmantes Lächeln und ihr Augenaufschlag verliehen ihr ein sehr weibliches Aussehen. Betty erzählte mir, sie sei mit einem versteckt nach innen liegenden Hoden auf die Welt gekommen sei, der erst im jugendlichen Alter entdeckt wurde. Bis dahin war sie ein ganz normales Mädchen gewesen. Bei Eintritt in die Pubertät merkte sie, dass nahezu alle Mädchen in ihrem Alter weiter entwickelt waren, Brüste bekamen und von ihrer Periode sprachen. Doch ihre Periode blieb aus, weil der Hoden kleine Mengen an Testosteron produzierte und das Östrogen, welches den Zyklus bestimmt, überschwemmte. Mehr und mehr isolierte sich Betty, da sie das Gefühl hatte, nicht dazuzugehören. Bis zu diesem Zeitpunkt hatte sie sich voll und ganz mit ihrer Weiblichkeit identifiziert. Die Erkenntnis, dass ihr ein Hoden gewachsen war, war zuerst ein großer Schock für sie gewesen. Sie fühlte sich als Frau und schämte sich für das männliche Geschlechtsteil. Eine Laune der Natur brachte ihr gesamtes Selbstbild ins Schwanken. Erst nachdem der Hoden chirurgisch entfernt werden konnte, setzte Erleichterung ein. Ihre Periode bekam Betty nicht wie andere Mädchen mit dreizehn oder vierzehn Jahren, sondern erst mit einundzwanzig. Körperlich erinnert Betty heute nichts mehr an ihre Vergangenheit. Sie lebt ein normales Leben und freut sich vielleicht ein bisschen mehr als andere Frauen, wenn sie ihre Tage bekommt.

Unsere tiefste Angst ist nicht, dass wir der Sache nicht gewachsen sind. Unsere tiefste Angst ist, dass wir unermesslich mächtig sind. Es ist unser Licht, das wir fürchten, nicht unsere Dunkelheit.
Wir fragen uns: Wer bin ich denn eigentlich, dass ich leuchtend, hinreißend, begnadet und phantastisch sein darf? Wer bist Du denn, dass Du das nicht sein darfst?

Nelson Mandela

Kennst du Menschen, die sich weder weiblich noch männlich fühlen?

Unter uns leben gar nicht so wenige Menschen, die sich weder eindeutig als Mann noch als Frau fühlen. Sie leben ihre beiden Seiten aus und möchten sich auch äußerlich nicht festlegen. An einem Tag tragen sie Jeans, Lederjacke und Turnschuhe, am andern ein buntes Kleidchen, Pumps und sind geschminkt.

Wenn ich diese Menschen frage, warum sie sich so unterschiedlich geben und leben, dann schauen sie mich ganz irritiert an. Für sie spiegelt ihr Verhalten einfach nur ihr Gefühl wider und ist für sie damit völlig normal. »Schließlich essen wir ja auch nicht jeden Tag Spaghetti Bolognese«, überzeugen sie mich dann. Vielleicht ist ihre geschlechtliche Dualität auch nur ausgeprägter als bei anderen Menschen. Wir alle vereinen schließlich beide Geschlechter in uns. Mal tragen wir mehr Eigenschaften des einen Geschlechts in uns, mal überwiegen die Merkmale des anderen, das eine Mal leben wir sie ausgeprägter, ein anderes Mal dezenter aus. So wie der Großteil unserer Gesellschaft Variationen in seinem Ernährungsverhalten aufweist, um gesund zu bleiben, so lebt das dritte Geschlecht seine persönlichen Variationen in der Geschlechtlichkeit aus, wobei die Variationen sehr verschieden sein können. Manche beschreiben ihr zwischengeschlechtliches Sein als ein harmonisches Spiel zwischen den Geschlechtern. Andere leben ihr drittes Empfinden ganz bewusst entgegengesetzt aus. Sie erfreuen sich an der Tatsache, dass sie mal ihren männlichen Eigenschaften den gesamten Spielraum überlassen und dann wieder einzig den weiblichen Eigenarten Ausdruck verleihen.

Auch in sexueller Hinsicht ist Vielfalt ganz natürlich. Der Mensch agiert mal fordernd, forsch und dann mal wieder sinnlich, sanft. Wir sind nicht jeden Tag gleich. Wir essen unterschiedliche Dinge, wir lieben auf unterschiedliche Weise, und wir tragen nicht jeden Tag das gleiche T-Shirt. Umso seltsamer empfinde ich meinen Eindruck, dass das zwischengeschlechtliche Sein für den Großteil der Gesellschaft ein Randthema ist und eher irritiert, als dass es neugierig macht.

Auf einer meiner Lesungen traf ich Tamara. Sie war eine sehr zartgliedrige, fast elfenhafte Erscheinung und sich ihrer selbst so bewusst und so sehr von Liebe erfüllt, dass ich ganz von ihr eingenommen war. Sie berichtete mir, dass Menschen sie stets liebevoll empfingen, weil sie ihre Liebe spürten. Doch immer dann, wenn sie äußerte, dass sie sich nicht als Frau, aber auch nicht als Mann fühle, schlug ihr die gesellschaftliche Ablehnung entgegen. Derselbe Mensch.

Eine Information mehr für unseren Verstand, und alles ändert sich. Merkwürdig, nicht wahr?

Ich habe auf meiner Recherche außerdem eine Frau kennengelernt, die an einem Tag im grauen Zweireiher, am anderen im Business-Kostüm im Büro erscheint und an manchen Tagen in Bikerboots und Jeans ihre Arbeitsstätte wieder verlässt. Bis sie allerdings den Mut hatte, ihr ganzes Wesen in der Öffentlichkeit so freizügig zu präsentieren, vergingen viele Jahre des Leidens. Sie erzählte mir, dass sie in jungen Jahren ihr zwischengeschlechtliches Verhalten unterdrückt und sich mehr und mehr zurückgezogen habe, weil sie glaubte, so wie sie ist, nicht akzeptiert und anerkannt zu werden. Sie war davon überzeugt, dass sie niemals einen guten Job bekommen oder gar den richtigen Mann finden würde. Ihr Gemütszustand verschlimmerte sich von Jahr zu Jahr, bis er schließlich negative Auswirkungen auf ihre Gesundheit hatte. Dauerhafte Knieschmerzen und großflächige, juckende Rötungen der Haut belasteten sie sehr, aber kein Arzt konnte ihr helfen. Als sie nach langen Jahren der inneren Suche zu sich selbst endlich erkannte, dass ihre körperlichen Symptome auf ihre unterdrückte Psyche zurückzuführen waren, entschied sie sich für ein neues, ein ehrlicheres Leben. Sie fand endlich den Mut, ihre Gefühle auszuleben und auszudrücken, wonach ihre Seele all die Jahre geschrien hatte. Binnen einer Woche verschwanden die Knieschmerzen, und ihre Haut glich nach kurzer Zeit der einer Aprikose. Heute ist sie eine Topmanagerin, verheiratet mit ihrem Traummann, der sie so liebt, wie sie ist – ein wenig anders, aber glücklich.

Was ist bei Menschen, die asexuell sind, falsch gelaufen?

Warum sollte bei ihnen etwas falsch gelaufen sein? In diesem Kontext hat das Wörtchen »falsch« nichts zu suchen. Es gibt Menschen, die einfach kein Bedürfnis haben, mit einer anderen Person in sexuellen Kontakt zu treten. Eine Kurzdefinition der *Official Asexual Society* bezeichnet diese Menschen als »geboren ohne sexuelle Gefühle«. Ich habe in meinem Leben bisher zwei Menschen getroffen, die sich selbst als asexuell bezeichneten. Sie waren – wie jeder andere von uns auch – ein wenig anders. Das Einzige aber, das mir an ihnen auffiel, war ihre Geruchlosigkeit. Meiner Nase zufolge verströmten sie keinen eigenen Körpergeruch, der jedoch bei nicht asexuellen Menschen maßgeblich darüber entscheidet, ob wir jemanden anziehend oder abstoßend finden. Es war ganz so, als wären ihre Hormone überhaupt nicht auf Fortpflanzung ausgelegt. Zwar spürte ich eine spezielle Chemie, aber ich konnte sie nicht auf sexueller Ebene erkennen. Es gibt so viele verschiedene Nuancen auch innerhalb der Asexualität, was wieder einmal verdeutlicht, dass die ganze Welt eine Treppe mit zahlreichen Abstufungen und Verzweigungen ist.

Ich frage mich in diesem Zusammenhang immer, wovor wir Menschen Angst haben, wenn wir auf jemanden treffen, der irgendwie anders ist als wir selbst. Oft sind doch im Nachhinein gerade die Menschen, denen man mit den größten Vorurteilen begegnet, die interessantesten. Hätten wir nicht all diese mutigen Außenseiter, Querdenker und Aus-der-Reihe-Tänzer, würden wir stets auf der Stelle treten und keine Weiterentwicklung leben können. Es gibt eine tolle Weisheit, die genau dieses vorurteilsfreie Denken in einem Satz beschreibt: »Alle sagten, das geht nicht! Dann kam einer, der es nicht wusste, und machte es einfach.«

Was denkst du über Homosexualität?

Ich habe im Laufe der letzten Jahre viel Post von homosexuellen Männern bekommen, führte Interviews mit homosexuellen Reportern, hielt Lesungen unter verschiedenen CSD-Motti (Christopher-Street-Day) und bewunderte diese Menschen immer wieder. Ich finde homosexuelle Menschen deswegen beeindruckend, weil ich bei vielen von ihnen spüre, dass sie den Weg zu sich selbst gegangen sind. Sie mussten sich und ihr Sein im Laufe ihres Lebens in Frage stellen, die gesellschaftlichen Normen und Grenzen überprüfen und sich ihrer erwehren. Dadurch haben sie viel intensiver als manch heterosexueller Mensch erfahren, wer sie wirklich sind.

Oft wurde mir auf Lesungen die Frage gestellt, ob ich mit meinen Freundinnen früher nicht in einer lesbischen Beziehung lebte. Manchen fiel es dann schwer zu verstehen, wenn ich ihnen antwortete, dass diese Art einer Beziehung noch nie für mich bestimmt gewesen war. Schließlich sei ich auf Grund meiner Geschlechtsmerkmale ja eine Frau gewesen, entgegnen sie mir dann. Aber Homosexualität definiert sich eben nicht einfach über Äußerlichkeiten und das Geschlecht. Ich hätte bedingungslos als Frau Frauen lieben

153

können. Das wäre für mich weitaus einfacher gewesen, als mich für das Leben zu entscheiden, das mir beschieden war. Ich hätte mir dann all die Wege zu Ämtern und Chirurgen ersparen, hätte auf alle körperlichen und seelischen Schmerzen verzichten können und nebenbei noch viel Geld gespart.

Im Prinzip sollte die Frage, was ich über Homosexualität denke, eine rhetorische sein, ähnlich wie es die Fragen: »Was denkst du über heißen Kakao mit Sahne?« oder »Was denkst du über Sport und Gesundheit?« auch sind. Wenn wir von dem Selbstverständnis ausgehen, dass alle Menschen gleich viel wert sind, ganz egal, wen und wie sie sich lieben, und diese Prämisse auch in unser alltägliches Leben einbauen, dann ebnen wir den Weg für glückliche und zufriedene Menschen.

Wie reagiert die Gesellschaft auf Menschen, die nicht der sexuellen Norm entsprechen?

Leider ist die Akzeptanz gegenüber Andersartigkeit in unserer Gesellschaft noch immer nicht selbstverständlich. Ich habe viele Menschen getroffen, die auf Grund ihres Andersseins merkwürdige Erfahrungen mit ihren Mitmenschen gemacht haben. Eine transsexuelle Moderatorin zum Beispiel verlor ihren Job, weil ihre Stimme nach der Hormonbehandlung nicht mehr den Erwartungen der Fernsehwelt entsprach. Ein homosexueller Journalist wurde auf offener Straße bespuckt, nur weil er mit seinem Partner flirtete.

Dabei haben die Täter gar nicht bemerkt, dass sie im Grunde sich selbst bespuckt haben. Der Journalist konnte zum Glück schlagfertig kontern, indem er sich die Spucke mit einem Taschentuch abwischte, es den Angreifern dankend übergab und erklärte: »Ich habe selbst genug Speichel! Trotzdem danke, dass du mir deinen geben wolltest. Sollte es bei mir irgendwann nicht mehr so flutschen, können wir uns aber gerne ein weiteres Mal treffen.«

Natürlich können nicht alle Menschen in vergleichbaren Situationen ebenso schlagfertig reagieren, weil sie in manchen Fällen den Grund und den Urheber der Diskriminierung gar nicht kennen. Ein verheiratetes, ganz »normales« Paar erzählte mir, dass es erst nach einundzwanzig Jahren aufgedeckt habe, warum es sich in seinem Dorfverband nicht integrieren konnte. Den Leuten gefiel es nicht, dass sie trotz doppeltem Gehalt keine Kinder hatten. Das war alles! Warum und wieso sie keine Kinder hatten, war den Dorfbewohnern egal.

Wie können wir mit Andersartigkeit umgehen?

Das beschränkte System »Frau-Mann« ist mindestens so alt wie die Menschheit selbst. Genauso alt sind aber auch die vielen Nuancen dazwischen. Oftmals fixieren wir uns aber so stark auf die eine Kategorisierung, dass wir das Recht, Nuancen auszuleben, schlichtweg vergessen oder ignorieren.

Der Mensch benötigt anscheinend immer Schubladen,

in die er sein Gegenüber fein säuberlich einordnen kann, ob nun die Schublade »Frau« oder die Schublade »Mann« heißt. Was da nicht hineinpasst, irritiert maximal.

Dabei lebt uns die Natur etwas anderes vor. Sie denkt nicht über Andersartigkeit nach, sondern schenkt ihr einfach den Platz zum Sich-selbst-Sein. Das führt dann auch nicht zu den schlimmen Folgen, die die Unterdrückung des eigentlichen Seins bei uns Menschen mit sich bringt. Es gibt keine depressiven Enten, keine Wölfe mit Burn-out oder übergewichtige Zugvögel. Im Prinzip gibt es auf der Welt alles, was wir uns vorstellen und nicht vorstellen können. Hat dann nicht auch jedes Geschöpf eine Daseinsberechtigung und seinen Platz im Universum verdient?

Glück ist dann, wenn der Verstand nicht ist.

Wie entsteht Transsexualität?

Ich bin der Meinung, dass jeder für sich selbst lesen kann. Deshalb versuche ich, meine Lesungen so zu gestalten, dass sie über das bloße Vorlesen hinausgehen und ich einen intensiven Kontakt zu den Zuhörern herstellen kann. Üblicherweise ist das Erste, was ich tue, wenn ich den Saal betrete, mich in die Atmosphäre des Raums hineinzufühlen und Stimmungen wahrzunehmen. Binnen weniger Sekunden sauge ich so viel ich kann in mich auf. Ich versuche, die Schwingung des Saales aufzunehmen, die Stimmung der Menschen zu erspüren, und ertaste die Umgebung mit meinen Augen.

Dabei blicke ich in möglichst viele Gesichter und achte auf die dazugehörige Körpersprache. Ich erkenne meist an den Blicken des Publikums, wie sich der Abend gestalten wird. Bei manchen Anwesenden weiß ich schon im Voraus, dass sie mich nicht während der Fragestunde ansprechen, sondern erst später den Kontakt unter vier Augen suchen werden. Die Informationen, die ich über diese ersten Beobachtungen bekomme, behalte ich für die spätere Fragestunde in meinem Hinterkopf. Nach der Begrüßung durch den Veranstalter lese ich ein paar Auszüge aus verschiedenen Kapiteln, um die Hörer auf die Thematik einzustimmen und wie vor einer Trainingsstunde ihren Körper und ihren Geist zu erwärmen. Danach folgt meistens eine Gesprächsrunde, in der ich ein paar Anekdoten aus meinem Leben erzähle, aber auch ernsthaft über meinen Weg und meine Erfahrungen berichte. Dann beginnt – zumindest für mich – der spannendste Teil: die Fragestunde der Gäste.

So verhielt ich mich auch an einem Abend im Mai in der Aula einer großen Universität. Ich betrat den Saal, entfaltete meinen Geist, schickte ihn zu jedem einzelnen Gast und fing flüchtig ihre Blicke ein. Während der Einführung des Veranstalters fielen mir an diesem Tag viele besonders neugierige Gesichter auf, und nach meiner Leseeinführung wartete ich gespannt auf die ersten Fragen.

An diesem Abend meldete sich eine ältere Frau zu Wort und stellte sich als Biologie-Professorin vor, die jahrelang auf dem Gebiet der Transsexualität recherchiert und geforscht hatte. Sie präsentierte sich und ihren Geist so eindrucksvoll, dass ich ihre Sätze meinen Lesern nicht vorenthalten möchte: »Grenzgänger interessieren mich. Kein

Mensch stellt sich so sehr in Frage und ist dabei ohne Rücksicht auf Normen und Gesetze so bedingungslos ehrlich zu sich wie jene, die den Weg zu sich selbst gehen. Leider werden sehr häufig Menschen, die anders sind, an den Rand der Gesellschaft gedrängt. Es erschreckt mich immer wieder zu sehen, wie die oberflächliche Masse auf Randgruppen reagiert.« Sie fuhr fort und erklärte die Ursache für Transsexualität: »Wie wir wissen, ist jeder Embryo bis zur achten Woche zunächst weiblich. Das ist die geschlechtliche Grundeinstellung der Natur. Damit aus dem Embryo ein Junge wird, erfolgt etwa in der achten Woche ein Testosteronschub, der das Einheitsgehirn männlich prägt. Das Testosteron tötet so manche Zellen in den Kommunikationszentren ab und lässt beispielsweise in den Sexualzentren mehr Zellen heranwachsen. Bleibt die Testosteronwelle aus, entwickelt sich das weibliche Gehirn –« Hier machte die Professorin eine kleine Pause, schmunzelte und fügte betonend hinzu: »ungestört weiter. Dies ist ja schon Beweis genug, dass Männer ein Irrtum der Natur sind.« Die Zuhörer brachen in Lachen aus. Ihr Mann, der neben ihr saß, tat empört und konterte humorvoll: »Warte erst einmal ab, bis wir zu Hause sind!« Die Professorin berichtete, wieder sachlicher, weiter: »Um einen körperlich voll ausgestatteten Jungen aus diesem Embryo zu machen, müssen noch zwei weitere Testosteronschübe im Laufe der Embryonalentwicklung erfolgen. Bleiben diese Testosteronschübe aus noch unerforschten Gründen aus, folgt der Embryo der Geschlechts-Grundeinstellung der Natur und wird gegen die Prägung im Gehirn fälschlicherweise weiblich.« Damit kam die Professorin zum Schluss, und ich bedankte mich bei ihr für ihren professionellen Beitrag zum Thema Transsexualität. Nun hatte der Abend ein sachliches Fundament gewonnen, auf dem wir weiter aufbauten.

Warum stören wir uns an Beziehungen, die anders sind?

Gründe, weshalb Menschen eine Beziehung belächeln oder gar verurteilen, die sich nicht im gesellschaftlich akzeptierten Rahmen bewegt, gibt es viele. Dabei müssen es gar nicht so außergewöhnliche Verbindungen sein, die Irritationen hervorrufen. Manchmal genügt schon ein größerer Altersunterschied – vor allem, wenn die Jugendlichkeit auf Seiten des Mannes zu finden ist. Dann wird wild spekuliert, was wohl die Gründe einer solchen Beziehung sind, und vor allem darüber, wie lange sie wohl halten werde. Dabei sagt das Lebensalter, das auf dem Papier steht, nur wenig über einen Menschen aus. Die meisten Frauen an meiner Seite waren immer etwas älter als ich, und ich hatte damit nie ein Problem. Allerdings war es auch nicht so, dass ältere Frauen immer die reiferen waren. Die jüngeren liefen (lebens-) erfahrungstechnisch den älteren manchmal den Rang ab. Eine Fünfzigjährige kann dreißig Jahre lang auf ihrem geistigen Niveau stehengeblieben sein. Umgekehrt kann eine Fünfundzwanzigjährige schon sehr reflektiert sein. Das wahre Alter eines Menschen machen Erfahrung und Einsicht aus – und das ist nur bedingt an Zeit gebunden. Deshalb sollten die Menschen weder vor zwanzig Jahren Altersvorsprung noch vor dreizehn Zentimetern Größenunterschied zurückschrecken, wenn sie einen Partner wählen.

Grundsätzlich ist in der Liebe alles möglich! Nur hindern uns die von der Gesellschaft gesetzten Grenzen, das zu tun, was wir wirklich wollen. Anstatt diese aber zu hinterfragen, übernehmen wir sie oft blind, weil wir Angst haben, ausgeschlossen zu werden, oder einfach aus reiner Gewohnheit, der Masse folgend. Mein Tipp: Probiert eine Woche lang mal alles aus, wonach euch ist, ohne darüber nachzudenken, was die anderen über euch sagen könnten. Ich garantiere, dass es euch danach ausgezeichnet gehen wird. Wer erst die eigenen Beschränkungen abgeschafft hat, der wird auch nicht mehr über Menschen lachen oder schimpfen, die ebenso grenzenlos leben.

Der Kopf ist rund, damit das Denken die Richtung wechseln kann. Francis Picabia

Gibt es den perfekten Menschen?
Unsere persönliche Freiheit beginnt
hinter dem gesellschaftlichen Horizont

Rosa für Mädchen, blau für Jungs.
Sind Rollenbilder angeboren?

Mädchen bekommen Puppen, Jungs Rennautos geschenkt, so ist das eben! Geschlechtsspezifische Klischees hinsichtlich Mädchen und Jungen sind nicht totzukriegen. Die Spielzeugindustrie hat sich ganz darauf eingestellt und unterstützt diesen Trend. Während die Spielzeugabteilungen für Mädchen in Rosa, Plüsch und Prinzessinnen-Look versinken, dominieren in der Jungs-Ecke Autos, Traktoren und Piraten-Abenteuer. Ich finde eine solche geschlechtsspezifische Ausrichtung sehr einschränkend für Kinder. Sie sollte weder Maßstab unserer Erziehung sein, noch sollten wir sie als Anforderungen an unsere Kinder formulieren.

Auf dem Spielplatz in einem Park beobachtete ich einmal eine Gruppe von etwa fünf- bis sechsjährigen Kindern. Die scheinbar selbstverständliche Rollenübernahme in ihrem Spielverhalten faszinierte mich. Noch beeindruckender empfand ich aber das Verhalten eines kleinen Mädchens, das einfach aus dieser Rollenverteilung ausbrach.

Vier der Mädchen saßen friedlich im Sandkasten und

spielten Kuchenbacken, während zwei andere die Schaukel für sich vereinnahmt hatten. Sie versuchten, sich gegenseitig in der Schaukelhöhe zu überbieten und genossen sichtlich das Adrenalin, das beim Auf- und Abschwingen durch ihre Körper schoss. Die anwesenden Jungs hatten sich in zwei Gruppen aufgeteilt. Die erste bewachte das aus Stöcken, Zweigen und Blättern selbst erbaute Indianerhaus, während die andere Gruppe durch das angrenzende Gebüsch schlich und offensichtlich einen Kriegszug imitierte. Als Schwerter dienten ihnen krumme Äste, und aus den Überresten eines zerfetzten Mülleimers hatten sie ihre Schutzschilde gebastelt. Ihre Gesichter waren kampfeslustig, und die Kommunikation untereinander hatten sie auf das Notwendigste reduziert. Lediglich der Anführer gab immer wieder geheime Zeichen, und als er endlich das Zeichen zum Angriff gab, rannten und brüllten die Jungs los. Bei ihrem Angriff zertraten sie die Sandkuchen der Mädchen und rannten alles um, was ihnen in den Weg kam, nur ein Ziel vor Augen: die Festung zu stürmen. Hier zeigte sich mir eine Meisterleistung der Schauspielerei, es gab Tote, Verletzte und stolze Sieger. Und es gab ein kleines Mädchen, das das Spiel der Jungs gar nicht so toll fand. Während die anderen Mädchen grimmig und traurig im Sandkasten sitzen blieben und sich bereits mit ihrem Schicksal abgefunden hatten, schnappte sich dieses Mädchen, das zuvor alles von der Schaukel aus beobachtet hatte, ohne Vorankündigung das Schwert des Anführers und warf es, so weit es konnte, in ein nahegelegenes Gebüsch. Der Junge war perplex, fasste sich aber schnell wieder und dirigierte seine Untertanen selbstbewusst zum Gegenan-

162

griff. Die Sandkasten-Mädchen versuchten, den drohenden Streit zu schlichten, und machten andere Spielvorschläge, nur um die Jungs abzulenken und zu besänftigen. Nur der kleine Wildfang zeigte sich so gar nicht mit der Vorsicht der anderen Mädchen einverstanden. Er war zum Kampf bereit. Als die Jungs schließlich vor seiner Sprachgewandtheit und Entschlossenheit kapitulieren mussten und sich zunehmend provoziert fühlten, wurden sie ungeduldig und wütend und zerstörten auch noch die übriggebliebenen Kuchen, klauten die Haargummis der Mädchen und warfen ihre Fahrräder um. Schon flossen die ersten Tränen. Nur der kleine Wildfang sah sich jetzt endgültig zum Handeln gezwungen und warf sich auf den tonangebenden Jungen, prügelte sich mit ihm und schimpfte über seine Rücksichtslosigkeit. Die übrigen Mädchen fassten jetzt ebenfalls Mut, da sie eine von ihnen in Gefahr sahen, und griffen nun aktiv in das Geschehen ein. Mit ihrem entschlossenen, gemeinsamen Auftreten zeigten sie Stärke gegenüber den Jungs und beendeten den Streit schnell in ihrem Sinne.

Werden Ängste vererbt?

Nicht vererbt, sondern übertragen. Eltern übertragen sehr oft ihre Ängste und Unsicherheiten, die zum großen Teil aus der eigenen Kindheit stammen, auf ihr Kind. Da läuft zum Beispiel ein Hund wedelnd auf das Kind zu, das Kind freut sich, aber die Eltern nehmen es gleich schützend an die Hand, weil der kleine Chihuahua den Nachkömmling mit einem Happen verschlingen könnte. Die unbekümmerte Freude des Kindes ist plötzlich wie weggeblasen, denn es hat die Angst der Eltern gespürt. Von nun an wird es einen Hund immer mit dem negativen Gefühl der Angst in Zusammenhang bringen – es sei denn, es wird neu konditioniert.

Ich habe einmal ein kleines Experiment mit Paul, dem Kind eines Freundes, gemacht. Paul konnte erst seit einigen Wochen laufen und fiel dementsprechend noch häufig hin. Bei seinen ersten Stürzen bin ich ihm mit einer mitleidigen Miene sofort zu Hilfe geeilt. Bei einem seiner nächsten Stürze, der für mich schon vorab an seinem torkelnden Gang zu erkennen war, eilte ich hinter Paul her, tat so, als stürzte ich selbst und lachte daraufhin einfach los. Er schaute zuerst ein wenig irritiert, lachte dann aber mit mir mit, obwohl ihm sein Sturz mit Sicherheit weh getan haben musste und er eigentlich weinen wollte. Auf diese simple Weise habe ich Paul zwei Möglichkeiten aufgezeigt, wie er sich nach einem Sturz verhalten konnte. Von da an entschied er von sich aus, wie er im jeweiligen Moment auf einen kleinen Fehltritt reagieren wird.

Aus meiner Sicht macht es genauso wenig Sinn, Kinder geschlechtsspezifisch zu erziehen, wie ihnen unsere Ängste zu übertragen oder ihnen unsere Interpretation ihrer eigenen Schmerzen durch unsere Blicke zu vermitteln. Nach wie vor glaube ich, dass wir ihnen keine Verhaltensmuster aufzwingen dürfen. Wir müssen sie für sich selbst herausfinden lassen, wer sie sind und was sie fühlen.

Ich glaube, je weniger gesellschaftliche Grenzen ein Kind

von seinen Eltern vermittelt bekommt, desto eher wird es genau die Eigenarten und Talente entwickeln können, die nur ihm beschieden sind. Dabei besteht die Herausforderung für das Kind darin, seine eigenen Grenzen zu suchen und herauszufinden, was das Beste für es ist. Alle Vorgaben und Manipulationen von außen werden dem Kind nur eine Barriere auf dem Weg zu sich selbst sein.

Das Einzige, was für ein Kind wirklich relevant ist, ist die bedingungslose Liebe seiner Eltern – ganz gleich für welche Farbe, welches Kuscheltier, welchen Beruf, welchen Partner es sich in seinem Leben auch entscheiden mag. Eltern sollten ihrem Kind das Gefühl geben, dass es immer einen Platz hat, an den es zurückkehren und wo es sich aufgehoben fühlen kann, aber es gleichzeitig ermutigen, seine eigenen Erfahrungen zu machen und aufgeschlossen für seine Emotionen zu sein. So wachsen Kinder nicht nur körperlich, sondern werden auch in der Lage sein, den Weg zu sich selbst zu finden.

In Indien werden Elefanten als fleißige Arbeitskräfte einge-
setzt, die ohne Mühe einen Baumstamm mit dem Rüssel
stemmen und einen Wagen bepackt mit allen möglichen
Utensilien hinter sich her ziehen. Ist der Elefant nicht im
Arbeitseinsatz, dann umschlingt eine Kette sein Bein, die
wiederum an einem kleinen Holzpflock befestigt ist, der nur
wenige Zentimeter in die Erde geklopft wurde. Das Tier
müsste nur den großen Zeh bewegen und der Pflock würde
sich aus der Erde lösen. Der Elefant wäre frei. Was hält den
Elefanten zurück? Warum befreit er sich nicht? So simpel die
Antwort ist, so schwer ist sie zu begreifen. Er flieht nicht,

weil er bereits von klein auf an einen solchen Pflock gekettet war. Man kann sich vorstellen, wie so ein kleiner Elefant an der Kette aller Anstrengung zum Trotz zieht und zieht und sich befreien möchte. Erschöpft sinkt er zu Boden, um sofort in einen Erholungsschlaf zu fallen. Als er gestärkt aufwacht, versucht er erneut, sich zu befreien. Vergeblich. So geht es Tage und Nächte, bis der Elefant seine Ohnmacht akzeptiert, sich in sein Schicksal fügt und von da an alle Ausbruchsversuche unterlässt.

Diese Kolosse fliehen nicht, weil sie glauben, dass sie es nicht können. Ihre Vergangenheit hat es sie so gelehrt. Das Schlimme dabei ist, dass der Elefant diese Erinnerung nie wieder ernsthaft überprüft. Er wird tatsächlich nie wieder versuchen, seine Kraft erneut auf die Probe zu stellen.

Wie gelingt es mir, die Dinge einfacher und klarer zu sehen?

»Manchmal habe ich das Gefühl, dass ich innerlich zerrissen bin und mich nicht entscheiden kann. Ich scheitere dann schon an der Auswahl des Mittagessens.« Diese oder ähnliche Aussagen höre ich oft. Vor allem Frauen berichten, dass sie manchmal am liebsten alles hinwerfen und einfach nur weinen möchten. Im Vergleich zu den weitaus weniger mit Zweifeln ringenden Männern schleicht sich dann und wann bei den Damen ein kleiner, wehmütiger Neid ein, der sich auch eine entspannte und befreiende Gedankenstille wünscht. Manche kommen dann auf die

glorreiche Idee, diesem Emotionschaos durch einen Testosteronschub entkommen zu können, weil sie es als Motor
des so einfach funktionierenden Männergehirns verstehen.
Ich glaube, dass Testosteron zwar einen gewissen Beitrag
zur einfacheren Sicht auf die Dinge leistet, es aber gewiss
nicht die einzige und schon gar nicht die effektivste Me-
thode zur Linderung bedrückender Gedanken ist. Im End-
effekt haben wir selbst die Macht über unsere Gedanken,
wenn wir nur lernen, richtig mit ihnen umzugehen und sie
zu kontrollieren. Kontrolle soll dabei nicht Unterdrückung
bedeuten. Wer unterdrückt, handelt nicht natürlich und
wird immer eine störende Stimme in seinem Kopf haben,
die ihm mal leise, mal schreiend signalisiert, dass da etwas
zum Vorschein kommen möchte. Dabei entsteht ein innerer Kampf, der für den gesamten Organismus Stress bedeutet.

Kontrolle meint vielmehr das Wissen über sich selbst
und die bewusste Entstehung der eigenen Gedanken. Viele
Menschen sind sich jedoch der anhaltend plappernden
Stimmen in ihrem Kopf gar nicht bewusst und können sich
nur schwer vorstellen, dass sie einen bewussten, entspann-
ten Zustand erreichen können. Wenn wir diesen Zustand
jedoch einmal gefühlt haben, dann möchten wir ihn nie
wieder verlieren.

Eigentlich könnte ich glücklich sein.
Ich habe aber das Gefühl, dass mir etwas fehlt.
Wonach soll ich suchen?

Lena hatte eigentlich alles. Sie war eine erfolgreiche Sport-
lerin, lebte in einer Familie, die sich liebevoll um sie kümmerte, ging auf eine gute Schule, war hübsch anzusehen
und sehr beliebt. Eigentlich hätte sie glücklich sein können,
stattdessen stand sie sich immer selbst im Wege. Ihre An-
sprüche an sich waren so hoch, das sie ihnen nie gerecht
werden konnte. Sie hatte von außen keinerlei Einschrän-
kungen, sich frei zu entfalten, aber sie ließ es zu, dass sie
sich selbst einschränkte und verunsicherte. Lena lebte meistens in der Vergangenheit – erinnerte sich an jedes Detail
einer Begebenheit und versuchte in Gedanken Vergangenes
zu verändern –, oder sie befand sich irgendwo in der Zukunft, sorgte sich und war ständig bemüht, schon im Voraus alle Eventualitäten abzuwägen.

Nach einem Wettkampf fuhr ich sie nach Hause. Immer
weiter hatte sie sich zurückgezogen, und ich nahm mir vor,
bedingungslos ehrlich zu ihr zu sein. Ich fragte Lena nach
dem Grund, weshalb ich sie nie lachen sehe. Sie schaute
weiter melancholisch aus dem Fenster und ignorierte mich.
An ihrer Stelle antwortete ich: »Deine Gedanken und deine
Einstellung zum Leben sind schuld daran!«

Dann sagte ich ihr, dass ich nun eine etwas andere Art
der Konversation mit ihr führen wollte. Ich würde ihr Fragen zu ihrem Leben stellen, und jedes Mal, wenn ihre Antwort negativ ausfiel, würde ich auf die Hupe drücken, um
ihr zu signalisieren, dass das die falsche Antwort für ein

glückliches Dasein war. Um uns munter einzustimmen, befragte ich sie zunächst zu ihrer täglichen Situation. Da ich wusste, dass sie zu den Besten in ihrer Klasse gehörte, wollte ich etwas über Lenas Hausarbeit erfahren, in der Hoffnung, eine positive Antwort zu erhalten.

Wie aus der Pistole geschossen antwortete sie hektisch: »Die Schule ist scheiße, mein Abitur habe ich jetzt schon verhauen. Und die Wettkämpfe stressen mich nur.«

Ich hupte. Sie schaute kurz verdutzt auf, ließ sich weiter aber nichts anmerken. Also entgegnete ich: »Das Beste, das du tun kannst, ist das zu geben, was in dir steckt.« Mit einem Augenzwinkern fügte ich hinzu: »Und wenn das Abitur so schlecht ist, dann kannst du doch cool bleiben, das Jahr einfach wiederholen und dich wieder etwas mehr auf den Sport konzentrieren. Es gibt eine ganze Reihe berühmter Menschen, die nicht nur einmal durchgefallen und trotzdem ihren Weg gegangen sind.« Lena fiel fast aus allen Wolken, als ich zu Ende gesprochen hatte: »Wenn ich einmal durchs Abitur falle, dann falle ich auch ein weiteres Mal durch und werde nie studieren können!«, behauptete sie trotzig.

Ich hupte erneut und bekam strafende Blicke von meiner Beifahrerin und vom Autofahrer neben mir zugeworfen. Unbeirrt fuhr ich mit meiner Fragestunde fort: »Warum nimmst du überhaupt an Wettkämpfen teil, wenn sie dich nur stressen und dir keinen Spaß mehr machen?«

Eine Antwort wie aus einer Anleitung fürs Unglücklichsein folgte: »Ich will gut sein, bin aber in gar nichts gut!«

Ich drehte fast durch und ließ nun meine Hand einfach auf der Hupe liegen. Nach ein paar Sekunden fing sie an zu lachen. Ich hatte es geschafft, kurz vor unserer Ankunft hatte ich einen kleinen Zugang zu ihr gefunden. Ich erklärte ihr, dass in ein paar Jahren ein Psychiater sie mit Antidepressiva vollpumpen würde, wenn sie nicht schleunigst ihre Einstellung zum Leben verändern und sich endlich mal an den kleinen Dingen des Lebens erfreuen würde. Lena schaute wieder aus dem Fenster. Ich hatte allerdings den Eindruck, dass sie weniger Wolken am wolkenfreien Himmel sah als zuvor.

Was kann ich also all den Lenas raten? Suche nach dir! Wie kann ein Lehrer, ein Pfarrer, ein Therapeut mehr von dir wissen als du selbst? Du hast den besten Aus- bzw. Einblick, wenn du nur mutig und ehrlich genug bist, um ganz in dich hineinzuhorchen. Die beste Therapie besteht darin, mit deinem Verstand, deinem Gefühl und deinem Körper zu arbeiten. Ich habe einmal einen Schauspieler kennengelernt, den ich fragte, ob er bei den vielen Rollen, die er spielt, überhaupt noch weiß, wer er ist. Während er erzählte, dass er gerade eine besondere Eiweiß-Diät mache, steckte er sich nebenbei eine Süßigkeit nach der anderen in den Mund. Er sagte, dass er die Suche nach sich selbst schon lange aufgegeben habe und die fünfhundert verschiedenen Rollen, in die er schlüpfte, ihm völlig genügten. Es gibt Menschen, die den Weg zu sich nicht gehen wollen, vielleicht weil sie Angst davor haben, dass sie Zauberhaftes und Grauenvolles in sich finden.

Ein junger Künstler ging in die Welt hinaus, um das Göttliche zu finden. Er hatte den Anspruch, den schönsten, intelligentesten, weisesten Menschen zu suchen und zu zeichnen.

Er suchte an den schönsten Orten, die man sich nur vorstellen kann. Er suchte in Palästen und Schlössern, an Stränden und Meeren und sah schließlich am Wegesrand in zwei Augen, die ihn vor Reinheit und Schönheit fast erblinden ließen. Dieser Mann war so aufopfernd, so voller Liebe, so wohlproportioniert und strahlte ein solch gewaltiges Charisma aus, dass nur er das Göttliche in sich tragen konnte. Der Künstler zeichnete ein Portrait von ihm. Jeder, der es sah, erschauderte vor der Ausstrahlung und Schönheit des Abgebildeten. Die Jahre vergingen. Als der Künstler spürte, dass seine Lebensenergie schwand, wollte er sich einen letzten Wunsch erfüllen. Wenn er vor vielen Jahren das Göttliche gefunden hatte, dann wollte er nun das Hässlichste, Widerlichste und Gemeinste, sprich den Teufel, auffinden und auch diesen zeichnen. Er begab sich mit dem ersten Bild auf seine letzte Reise und suchte an den dunkelsten Orten, die man sich nur vorstellen konnte. Er suchte in regnerischen Wäldern, in stinkenden Gassen und besuchte schließlich ein verruchtes Gefängnis. Er ging durch die Zellen und blickte plötzlich in die hasserfülltesten Augen, die er je gesehen hatte. Dieser Mensch war so hässlich, so schäumend vor Wut und Hinterlist, dass sofort klar war, er trug den Teufel in sich. Dieser verabscheuenswürdige Mensch berichtete, dass er alle Verbrechen begangen habe, die man nur begehen konnte. Dann fragte er den Künstler, was er an diesem gottverlorenen Ort suche. Der Künstler berichtete über das Göttliche, seine Zeichnung und seinen Wunsch, das Gegenstück dazu zu finden. Der Verbrecher versicherte ihm, dass es keinen schlimmeren Menschen als ihn gebe. Er war neugierig geworden und bestand darauf, das Bild zu sehen, das vor vie-

len Jahren entstanden war. Der Künstler präsentierte sein Werk. Stille kehrte in den Raum ein. Dem Verbrecher liefen die Tränen über die Wangen und tropften auf den kalten Steinboden. Er weinte wie ein kleines Kind. Der Künstler verstand nicht und fragte ihn, warum er denn weine. Der Verbrecher sah ihn mit traurigen Augen an und sprach: »Das da auf dem Bild bin ich! Wir haben uns vor vielen Jahren am Wegesrand getroffen. Damals fragtest du mich so wie heute, ob du mich zeichnen dürftest. Du hast das Göttlichste und das Teuflischste gefunden.«

Warum passiert ausgerechnet mir das?

Warum nicht?, frage ich zurück. Warum sollte mir dieser Schicksalsschlag nicht passieren? Es ist mein Weg! Außerdem ist es vollkommen normal, dass ich nicht von allem Unheil dieser Welt verschont bleibe. Diese Gedanken versuche ich den Menschen, die im Einzel-Coaching zu mir kommen, näherzubringen, dem Vergewaltigungsopfer ebenso wie der Frau, die mit Gewichtsproblemen zu kämpfen hat. Es spielt keine Rolle, welchen Rucksack einem das Leben aufsetzt. Es kommt allein darauf an zu entscheiden: Versuche ich ihn zu tragen und voranzuschreiten oder kapituliere ich schon im Vorhinein.

Im Laufe des Lebens begegnet einem Leid und man erfährt Ungerechtigkeiten, der eine mehr, der andere weniger. Wenn man aber sein Leid zum Bestandteil seiner Persönlichkeit macht, dann wird es sehr schwerfallen, sich von ihm zu befreien. Fremde Menschen, die sich einem mit Namen vorstellen und gleich hinzufügen, dass sie Krebs haben oder gerade von ihrem Lebenspartner verlassen wurden, identifizieren sich mit ihrer persönlichen Leidensgeschichte. In einem solchen Zustand werden sie sich nie von ihrem Leid trennen können.

Wer sagt denn überhaupt, dass ein Schicksalsschlag immer nur etwas Negatives zu bedeuten hat? Wenn ein Herzinfarkt einen aus der Bahn wirft, dann ist das bestimmt keine positive Erfahrung. Dieser Infarkt kommt allerdings nicht von ungefähr, und vielleicht will er uns signalisieren, dass in irgendeinem Bereich unseres Lebens Ungleichgewicht herrscht. Und das wahrscheinlich schon sehr lange. Wir arbeiten zu viel und leben zu wenig, setzen uns psychisch unter Druck und merken es erst viel zu spät. Der Körper fordert seine Auszeit und sendet uns so lange Signale, bis wir sie ihm geben. (Ich weiß, wovon ich rede, doch darüber später mehr.)

Bei Schicksalsschlägen ist die Frage nach dem Warum rückwärtsgewandt und wenig konstruktiv. Anstelle mit dem Vergangenen und Nicht-mehr-zu-Ändernden zu hadern, sollten wir nach dem Wofür fragen. Vielleicht eröffnet sich dabei eine für uns Sinn gebende Perspektive.

Ich persönlich glaube nicht an Zufälle und denke, dass hinter jedem Schicksalsschlag ein tieferer Sinn verborgen liegt. Ich habe aus meiner Geschichte viel gelernt – nicht nur über Frauen und Männer, sondern am meisten über mich selbst. Ich bin fest davon überzeugt, dass jedes Ereignis einen Sinn in sich trägt. Manchmal ist der Weg zur Erkenntnis nur eben nicht so einfach zu gehen, vor allem

173

dann, wenn der Sinn über unser Alltagsverständnis und unser individuelles Leben hinausgeht und sich möglicherweise erst nach Monaten oder Jahren offenbart.

Ich habe mich oft gefragt, was mir das Schicksal mitteilen wollte, und bin nach langer Zeit zu einem ehrlichen Eingeständnis gelangt: Wäre ich als ganz normaler Kerl auf die Welt gekommen, hätte ich nicht für mein wahres Sein kämpfen müssen. Wenn ich nicht durch mein Schmerztal hätte hindurchwandern und mich durch das fälschlich produzierte Östrogen in die Gehirne der Frauen hineindenken müssen, dann wäre ich ein typisches Männer-Macho-Arschloch geworden, das nur wenig Sensibilität und Empathie für das faszinierende Wesen der Frau aufgebracht hätte. Mir wäre es lediglich darum gegangen, meinen Samen zu verteilen. Ich wäre mächtig unreflektiert geworden und hätte auf Grund meiner einfachen Struktur nicht die Notwendigkeit gesehen, mir über meine Taten Gedanken zu machen. Zum Glück – das kann ich heute sagen – ist alles anders gekommen. Warum aber brauchte ich für meine Selbstfindung achtundzwanzig lange Jahre? Wahrscheinlich ist das die mindeste Arbeits- und Lernzeit, die Mann braucht, um sich (und die Frauen) zu verstehen.

Warum können wir so schwer im Augenblick leben?

Viele Menschen verbringen die meiste Zeit in ihren Gedanken, anstatt im Hier und Jetzt zu leben. Sie verharren im Gestern, hadern mit dem Morgen oder reisen gedanklich noch viel weitere Strecken. Wenn sich z. B. zwei Menschen küssen, dann habe ich oft das Gefühl, dass sie das nicht bewusst tun. Sie küssen aus Gewohnheit, aus Langeweile, aus einer momentanen Unsicherheit heraus oder weil der Partner es gerade möchte. Ähnliches gilt für Liebende, die sich streicheln. Häufig verfallen sie in einen immer wiederkehrenden gleichen Rhythmus. Ihr Daumen bewegt sich auf dem Handrücken des Partners tausend Mal auf und ab, ohne dass sie wissen, was sie da überhaupt tun.

Ich denke, dass unsere Gedanken und unsere Zweifel uns davon abhalten, sich voll und ganz dem Augenblick hinzugeben. Da genügen schon harmlose Bedenken darüber, wie der Küssende bei seinem Kusspartner wohl ankommen oder wie er dem anderen gefallen mag.

Vor allem in alltäglichen Situationen verlassen wir das Hier und Jetzt. Bei der Wäsche legen wir die Socken falsch zusammen. Irgendwann fällt uns dann auf, dass wir an unseren beiden Füßen jeweils eine L-Socke tragen. In der Küche schneiden wir uns nur deshalb in die Finger, weil wir mit unseren Gedanken bei den noch zu erledigenden Hausaufgaben der Kinder verweilen oder weil uns der Geruch aus dem Ofen signalisiert, dass der Kuchen bald fertig sein müsste. Beim Aussteigen aus dem Zug stolpern wir über unsere eigenen Füße, da wir schon an unseren Empfang unten in der Bahnhofshalle denken.

Nur sehr selten sind die Menschen tatsächlich im gegenwärtigen Gefühl oder der augenblicklichen Bewegung präsent. Was aber macht das für einen Sinn, etwas zu tun, wenn man es gar nicht wirklich bewusst tut?

Bewusstheit ist ein wichtiger Seinszustand. Ohne Bewusstheit werden wir unsere Ziele verfehlen, weil wir im entscheidenden Moment nicht mit all unserer Energie dabei sind. Wenn wir nicht wollen, dass unser Leben an uns vorbeiläuft, dann müssen wir mehr Bewusstsein in unser Leben bringen.

Gibt es den perfekten Menschen?

Es könnte so viele perfekte Menschen auf dieser Erde geben, wie Menschen auf ihr leben. Dabei meint der Ausdruck »perfekt« ganz gewiss nicht äußere Perfektion. Weder ist damit ein hübsches Näschen, eine maßgeschneiderte Figur, noch ein blitzblank poliertes Vorstadthaus gemeint. »Perfekt« bedeutet für mich, dass ein Mensch von Grund auf er selbst ist.

Viele Menschen definieren sich aber über die Urteile anderer. Sie glauben, die Eigenschaften zu besitzen, die ihr Umfeld ihnen zuschreibt: Du bist stark, du bist intelligent, du bist mutig usw. Solange es sich um positive Attribute handelt, machen sich die wenigsten Menschen Gedanken darüber, ob diese Aussagen auch tatsächlich auf sie zutreffen. Doch was geschieht, wenn das Umfeld feststellt: Du kannst nicht kommunizieren, du bist nicht zuverlässig, du benimmst dich wie eine Rabenmutter, du handelst total chaotisch? Solche Charakterisierungen können Menschen verzweifeln lassen. Doch anstatt dass wir uns von einer solchen krankmachenden Außenwahrnehmung frei machen, entfernen wir uns nur noch weiter von uns selbst, um einem Ideal oder einer Norm zu entsprechen: Wenn die Nachbarschaft großen Wert auf einen perfekt gepflegten Garten legt, dann rutsche ich auf Knien durch die Beete und zupfe Unkraut, obwohl ich viel lieber im Sonnenstuhl liegen würde! Wenn meine Eltern immer und immer wieder an mir herumkritisieren, dann erschaffe ich ein Bild von mir, das dem meiner Eltern entspricht! Wenn die Kollegen meinen Vorschlägen wieder keine Aufmerksamkeit schenken, dann sage ich beim nächsten Mal einfach gar nichts mehr! Es gibt unendlich viele solcher Aussprüche, die zeigen, wie wir uns verbiegen und uns immer weiter von dem entfernen, der wir eigentlich sind.

Was kann man dagegen tun? Zuerst versuchen, sich von der Meinung anderer frei zu machen und sich zu fragen: Bin ich wirklich das, was die anderen von mir behaupten? Und wenn nicht, wer bin ich dann? Das ist ein erster Schritt, der dazu führen kann, sich selbst zu finden. Ganz gleich, wie die Antworten darauf ausfallen, sie sind unsere persönliche Wahrheit und ihr müssen wir folgen. Wir müssen die Verantwortung für uns übernehmen, damit wir wieder zu dem werden, der wir tief in uns sind.

Um mich zu lieben und anzunehmen, wie ich bin, muss ich zuerst einmal erfahren, wer ich eigentlich bin. Dies gelingt mir aber nicht, indem ich bestimmte Eigenschaften einfach hinnehme, ohne sie jemals zu hinterfragen. Es bedarf eines ganz eignen, sehr individuellen Weges, um mich zu entdecken und zu erforschen. Ich kann nur jeden Menschen dazu ermutigen, sich auf eben diesen Weg zu machen, zu staunen, zu leiden, zu akzeptieren und zu lieben – immer wieder aufs Neue.

Selten gab es Zeilen, die mich auf Anhieb so sehr durch ihre schlichte Wahrheit überzeugt haben, wie jene Worte, die Charly Chaplin an seinem 70. Geburtstag vorgetragen haben soll. Obwohl ich nicht an Zufälle glaube, sind sie mir zufällig in die Hände gefallen.

Als ich mich selbst zu lieben begann ...
habe ich verstanden, dass ich immer und bei jeder Gelegenheit
zur richtigen Zeit am richtigen Ort bin
und dass alles, was geschieht, richtig ist – von da an konnte ich ruhig sein.
Heute weiß ich: Das nennt man SELBST-BEWUSST-SEIN.

Als ich mich selbst zu lieben begann,
konnte ich erkennen, dass emotionaler Schmerz und Leid nur Warnungen für mich sind, gegen meine eigene Wahrheit zu leben.
Heute weiß ich: Das nennt man AUTHENTISCH SEIN.

Als ich mich selbst zu lieben begann,
habe ich verstanden, wie sehr es jemand beleidigen kann, wenn ich versuche, diesem Menschen meine Wünsche aufzudrücken,
obwohl ich wusste, dass die Zeit nicht reif war und der Mensch nicht bereit,
und auch wenn ich selbst dieser Mensch war.
Heute weiß ich: Das nennt man RESPEKT.

Als ich mich selbst zu lieben begann,
habe ich aufgehört, mich nach einem anderen Leben zu
sehnen,
und konnte sehen, dass alles um mich herum eine
Einladung zum Wachsen war.
Heute weiß ich, das nennt man REIFE.

Als ich mich selbst zu lieben begann,
habe ich aufgehört, mich meiner freien Zeit zu berauben,
und ich habe aufgehört, weiter grandiose Projekte für die
Zukunft zu entwerfen.
Heute mache ich nur das, was mir Freude und Glück
bringt,
was ich liebe und was mein Herz zum Lachen bringt,
auf meine eigene Art und Weise und in meinem eigenen
Rhythmus.
Heute weiß ich, das nennt man EINFACHHEIT.

Als ich mich selbst zu lieben begann,
habe ich mich von allem befreit, was nicht gesund für mich
war,
von Speisen, Menschen, Dingen, Situationen
und von allem, das mich immer wieder hinunterzog, weg
von mir selbst.
Anfangs nannte ich das gesunden Egoismus,
aber heute weiß ich, das ist SELBSTLIEBE.

Als ich mich selbst zu lieben begann,
habe ich aufgehört, immer recht haben zu wollen, so habe
ich mich weniger geirrt.

Heute habe ich erkannt: das nennt man
BESCHEIDENHEIT.

Als ich mich selbst zu lieben begann,
habe ich mich geweigert, weiter in der Vergangenheit zu
leben
und mich um meine Zukunft zu sorgen.
Jetzt lebe ich nur noch in diesem Augenblick, wo ALLES
stattfindet,
so lebe ich heute jeden Tag, Tag für Tag, und nenne es
BEWUSSTHEIT.

Als ich mich zu lieben begann,
da erkannte ich, dass mich mein Denken behindern und
krank machen kann. Als ich mich
jedoch mit meinem Herzen verband, bekam der Verstand
einen wertvollen Verbündeten.
Diese Verbindung nenne ich heute HERZENSWEISHEIT.
Wir brauchen uns nicht weiter vor Auseinandersetzungen,
Konflikten und Problemen mit uns selbst und anderen
zu fürchten,
denn sogar Sterne knallen manchmal aufeinander und es
entstehen neue Welten.
Heute weiß ich: DAS IST DAS LEBEN!

Können Menschen dich und deinen Werdegang wirklich verstehen?
Persönliches

Macht es dir nichts aus, dass dein Leben so öffentlich ist?

Was hast du zu verlieren, wenn jeder Hinz und Kunz über dein Leben Bescheid weiß? Nichts! Im Gegenteil, es ist sogar sehr befreiend, wenn du weißt, dass du keine Leichen mehr im Keller hast. Nichts, was andere entdecken oder über dich aufdecken könnten. Aber eigentlich interessiert es mich auch gar nicht, was mein Gegenüber von mir weiß. Soll er doch alles und noch viel mehr von mir kennen oder glauben zu kennen. Ich habe keinen einzigen Augenblick lang bereut, dass ich Intimes von mir preisgegeben habe. Im Gegenteil. Ich freue mich täglich an meiner Offenheit und möchte nie wieder anders leben. Unser stärkster Gegner ist ohnehin unsere eigene irrationale Angst. Und was brauchst du noch zu fürchten, wenn du gar keinen Gegner mehr hast?

Woher wusstest du, dass du ein Junge bist?

Ein Indiz von vielen dafür ist, dass ich eine Rot-Grün-Sehschwäche habe und auch blau-lila von grün schlecht unterscheiden kann. Diese Sehschwäche ist laut Ärzten angeboren und wird genetisch vererbt. Von ihr sind etwa neun Prozent der Männer und nur rund 0,8 Prozent der Frauen betroffen. Alle Männer in meiner Familie väterlicherseits leiden unter dieser Schwäche. Sie hat mich schon in so manch kuriose Lage gebracht. Lange Zeit dachte ich zum Beispiel, dass Spinat blau sei und habe ihn auf Grund seiner Farbe immer als besonderes Lebensmittel angesehen. Einmal schenkte ich einer Freundin zu ihrem Geburtstag eine Lederjacke und überreichte sie ihr mit den Worten: »Das Lila hat mich umgehauen.« Meine Freundin war zuerst verdutzt, hob die Jacke dann gegen das Licht und lachte los: »Tut mir leid, aber diese Jacke ist blau.« Was habe ich mich geärgert! Ich würde schließlich niemals einer Frau eine blaue Lederjacke schenken!

Meine kleine Sehschwäche hatte in meinem Leben aber auch gute Seiten und verdeutlicht ganz meine Lebenshaltung. So ist mir schon öfter passiert, dass mir jemand einen Athleten oder eine Athletin zeigen wollte und sagte: »die Schwarze da drüben auf der Tartanbahn«, und ich niemand Schwarzen sehen konnte. Ich begreife diese Kategorisierung einfach nicht und meine Augen können diese Unterschiede auch nicht erkennen. Es gibt in meiner Welt keine Schubladen für Menschen, die offenbar eine andere Hautfarbe haben.

Eine solche Sichtweise hätte durchaus ihre Vorteile, auch

in der Geschichte. So hätte sie es Ku-Klux-Klan-Anhängern und Proklamierern einer arischen Rasse erschwert, sich in ihren Allmachtsphantasien über andere Menschen zu erheben. Ich verstehe bis zum heutigen Tage den Ausdruck »Rothaut« für Indianer nicht, und Chinesen sehen für mich auch nicht gelb aus. Gelegentlich stelle ich mir die Frage, wer hier farbenblind ist.

Natürlich war aber nicht nur die Sehschwäche ein Zeichen für mein etwas anderes Sein. Mein Gehirn erkannte die Wahrheit über mein eigentliches Wesen schon sehr früh, was auch oft zum Ausdruck kam, zum Beispiel in meinem hartnäckigem Bestreben, meine Kindergärtnerin von meiner körperlichen Stärke zu überzeugen, in meiner Leidenschaft fürs Fußballspielen, in meiner Mädchen-finde-ich-doof-Zeit und meiner großen Lust, alle möglichen technischen Dinge zu reparieren. Zum anderen aber merkte ich in meinen ersten Beziehungen zu Frauen schon bald, dass ich keine weibliche Rolle übernehmen würde, sondern ganz klar der Mann an ihrer Seite war.

Mein Werdegang mag nahezu der klassische Weg vom Jungen zum Mann gewesen sein, bis auf die Tatsache, dass ich wohl einen etwas größeren Umweg zu bewältigen hatte. Bei meiner Geburt muss ich wohl die eine oder andere Ausfahrt verpasst haben, weil ich zu schnell oder unbedacht unterwegs war. Was mir letztendlich bleibt, ist die tiefe Gewissheit in mir selbst, wer ich tatsächlich bin. Und diese Gewissheit kann mir niemand mehr nehmen.

Wie ist es, im falschen Körper geboren worden zu sein?

Ich bin nicht im falschen Körper geboren. Ich kam lediglich mit den falschen Geschlechtsmerkmalen auf die Welt. Mein Geschlecht passte sich im Laufe meines Lebens an mein Gehirn an, das bereits um die siebte Schwangerschaftswoche vom ersten Testosteronschub männlich geprägt wurde. Der zweite und dritte Testosteronschub wären dafür verantwortlich gewesen, Hoden und Penis auszubilden. Offenbar habe ich jedoch bei der Hoden- und Penis-Vergabe nicht laut genug geschrien. Wenn diese beiden Testosteronschübe ausbleiben, bildet sich der Embryo trotz männlich geprägtem Gehirn körperlich weiblich aus, weil er der Geschlechtsgrundeinstellung folgt.

Was aber entscheidet über das Geschlecht? Das Gehirn oder die Geschlechtsmerkmale? Was fällt mehr ins Gewicht? Nehme ich diese Frage wörtlich, dann wiegt ein durchschnittliches Gehirn ca. 1300 Gramm. Ein Penis im Durchschnitt nur ca. 180 Gramm. Dementsprechend darf es auch nicht Geschlechtsumwandlung heißen, sondern Geschlechtsangleichung. Ich passe mein Geschlecht meinen inneren, gewichtigeren Merkmalen an. Insofern war es nur natürlich, dass ich auf mein inneres Geschlecht gehört habe. Die Umschreibung »im falschen Körper geboren« träfe nur dann zu, wenn ich im Körper eines Lamas oder Wildschweins auf die Welt gekommen wäre. Daher würde ich doch mal sagen: »Schwein gehabt!«

Wolltest du deine Eierstöcke loswerden?

Klar! Wozu der ganze Quatsch auch? Die Eier sind mir an der falschen Stelle gewachsen und den Stock benutze ich lieber im Sport als Stab, um über eine Latte zu springen. Ich habe es mir zur Aufgabe gemacht, mich zu vervollständigen – wie ein Puzzle, dessen Teile falsch zusammengelegt wurden. Jetzt sitzen Eier und Stock endlich an der korrekten Stelle und ergeben ein klares Bild, das mir auch der größte Zweifler nicht verunstalten kann.

Ist es nicht ein einzigartiges Geschenk, dass du nun beide Seiten – Mann und Frau – kennst?

Jein! Um beide Seiten zu kennen, hätte ich beide Seiten leben müssen. Dazu hätte ich aber als Frau auf die Welt kommen müssen.

Ich habe stets klar formuliert, dass ich immer ein Mann war – nur eben mit falsch ausgebildeten Geschlechtsmerkmalen. Wie schon an anderer Stelle so schön ausgedrückt, befindet sich unser Gehirn nicht zwischen den Beinen, sondern zwischen den Ohren. Und dort war ich schon immer ein Mann, mit der Besonderheit, durch einen erhöhten Östrogenspiegel einzigartige Einblicke in die weibliche Gedanken- und Gefühlswelt erhalten zu haben. Trotz Leid und Zerrissenheit in dieser Zeit möchte ich meine Erfahrungen aus heutiger Sicht auf keinen Fall missen, lehrten sie mich doch, in beiden Haifischbecken schwimmen zu können.

Ein östrogenüberflutetes Gehirn zu Weihnachten unter den Baum gelegt zu bekommen, ausgestattet mit einer umfangreichen, bebilderten Gebrauchsanweisung und vielleicht auf einen Monat limitiert, würde jeden Mann bereichern. Manche Gedanken und Empfindungen einer Frau sind auf andere Weise für einen Mann kaum nachvollziehbar.

Komme ich beispielsweise in einem Gespräch mit einer Frau nicht mehr weiter, versuche ich mich an meine früheren Gedankengänge zu erinnern und mich so meiner Gesprächspartnerin zu nähern. Ich beleuchte alle Hindernisse, spreche alle möglichen Eventualitäten an, die die Frau bei einer Entscheidungsfindung beeinflussen könnten, um diese dann schlussendlich gemeinsam mit ihr zu bewältigen.

Streitest du besser mit Frauen als andere Männer?

Der Frage, ob mir meine Vergangenheit in Streitsituationen hilft, begegne ich immer wieder. Meine Antwort: »Ich streite nicht mit einer Frau. Ich würde doch nur verlieren!« Es macht keinen Sinn, sich mit einer Frau auf einen Streit einzulassen, weil Frauen argumentativ, emotional und in ihrem Wortschatz den Männern weit überlegen sind und sie ihre Gesprächspartner in Grund und Boden reden können. Um nicht wie der Ochse vor dem Berg zu stehen, sollten Männer ihre Frauen einfach nur beobachten und den Sinn verstehen lernen, warum Frauen so oder so handeln, auch wenn es manchmal gegen die männliche Logik geht.

Wenn Frauen unergründlich scheinen, liegt das meist am geringen Tiefgang der Männer. Katherine Hepburn

Wie haben die Hormone in dir ihre Wirkung gezeigt?

Die Wirkung der männlichen Hormone darf man nicht unterschätzen. Vor allem auf Äußerlichkeiten, wie Bartwuchs, Muskulatur und auf die Stimme, hatten sie bei mir großen Einfluss. Aber: Hormone sind keine Zaubermittel. Das Wesentliche, mein grundsätzlicher Charakter und meine Wertvorstellungen haben sich nicht verändert. Hormone können nur etwas in uns wecken oder verstärken, was schon vorher in uns angelegt ist. Die Reaktionen auf eine Hormonbehandlung können dabei individuell höchst verschieden sein. Entgegen den landläufigen Vorstellungen zum Beispiel machte mich Testosteron nicht aggressiver. Ich würde sogar behaupten, dass es mich sanfter werden ließ, weil mein Körper endlich die ihm fehlende Substanz erhalten hatte und ich dadurch begann, in Harmonie mit meinem Körper zu leben.

Hormone ändern zwar nicht unser Wesen, haben aber erheblichen Einfluss auf unsere Verhaltensweisen, wie die folgende Geschichte zeigen soll. Dabei sollten wir uns nicht daran stören, dass der Hauptakteur ein Hund ist. Entscheidend ist lediglich sein männliches Geschlecht. Erzählt wurde mir die Begebenheit von der adretten Arzthelferin, die mir jeden dritten Monat meine Testosteronspritze in den Hintern jagt. Da ich schon einige Spritzen von den unterschiedlichsten Arzthelferinnen bekommen hatte, konnte ich einschätzen, dass diese Helferin besonders gut in ihrem Tun war. Pia trug ihr Namensschild immer etwas schief, und ich fragte sie, wo sie ihre Kunst so gut gelernt hatte. Sie schmunzelte und erzählte mir, dass sie einen Hund besaß, der im fortgeschrittenen Alter seinen Urin nicht mehr einhalten konnte, weil seine gesamte Muskulatur erschlafft war. Also ging sie mit ihm zum Tierarzt. Von einer Operation riet der Tierarzt aufgrund des Alters des Tiers ab, aber er verschrieb dem Hund Testosteronspritzen, die den Muskelaufbau unterstützen und mehr Spannung in den alten Körper bringen sollten. Pia spritzte also in regelmäßigen Abständen das Hormon in den Hintern ihres Hundes. Nach zwei Spritzen schon hatte sie beim Gassigehen ihre helle Freude mit ihrem Hund. War der ältere Rüde vorher an nahezu nichts mehr interessiert gewesen, so bewässerte er jetzt wieder wie ein junger Köter jeden Baum und jede Laterne und erlebte auch hormonell seinen zweiten Frühling. Er schien sich fest in den Sinn gesetzt zu haben, noch bis zu seinen letzten Atemzügen alles weibliche Vierbeinige zu besteigen, das ihm vor die Nase kam. Das in irgendeiner Form auf Männer zu beziehen, wäre wohl unpassend – oder?

**Auf welche Erfahrung kannst du
in deinem neuen Leben als Mann verzichten?**

Es war ein heißer Sommertag. Ich saß in einem Café und hörte, wie sich zwei Frauen am Nachbartisch über Haarentfernung unterhielten. Da mein Rasierklingenverschleiß in den letzten Monaten erheblich zugenommen hatte und der Akku des Körperhaartrimmers immer rot aufleuchtete, wenn er mich kommen sah, weckte das Gespräch der beiden meine Neugierde. So als sei ich in mein Buch vertieft, lauschte ich ihrer Konversation. Die beiden lieferten sich dabei einen munteren Schlagabtausch. Wie bei einem Boxkampf ließen sie den europäischen Nassrasierer gegen das südamerikanische Heißwachs antreten. Die blonde Frau hatte Partei für die Nassrasur ergriffen. Sie sei erheblich schneller und einfacher als das lästige Aufwärmen des Wachses. Außerdem bestünde beim Wachs immer die Gefahr einer Verbrennung der Haut. Das Schlimmste jedoch seien die Schmerzen beim Abziehen des Wachses. Ihre Freundin, die sich die ersten Minuten zurückgehalten hatte, lächelte nur milde und holte dann aus: »Wenn ich mich wachse, dann habe ich drei bis fünf Wochen Ruhe. Und wenn die Härchen dann nachwachsen, kommen a) nicht so viele, weil das Wachs sie mit der Wurzel entfernt, und b) wachsen sie viel weicher und weniger stoppelig nach. An manchen Körperstellen freut sich sogar auch mein Freund darüber.« Sie zwinkerte ihrer Freundin zu und sagte etwas leiser: »Wenn mein Freund mich sonst oral befriedigte, sah er am nächsten Morgen um die Mundpartie immer ein wenig wie ein spät pubertierender Schuljunge mit ganz vielen kleinen roten Pickeln aus.

Heute kann er noch so wild sein. Seine Haut bleibt irritationsfrei.« Dann hob sie ihr linkes Bein und forderte ihre Freundin auf, über ihre gebräunte Wade zu streichen: »Fühl mal! Ich habe vor drei Wochen entwachst.«

Die Freundin fuhr mit ihrer Handfläche bis zum Knie und zeigte sich sichtbar begeistert von dem Ergebnis. Ich übrigens auch und marschierte fest entschlossen, das jetzt auch mal auszuprobieren, in den nächstgelegenen Drogeriemarkt. Dort angekommen, konnte ich nur über die große Auswahl an Haarentfernungsprodukten staunen, die mir in all den Jahren einfach entgangen war. Nun aber wählte ich das empfohlene Produkt aus, um es später an meinen unerwünschten Haarwachstumsregionen auszuprobieren.

Weil ich mich alleine mit diesem Produkt überfordert fühlte und mir Fachpersonal an meine Seite wünschte, kontaktierte ich eine lateinamerikanische Freundin namens Esperanza, in deren Geburtsland Haarentwachsung sozusagen als Volkssport betrieben wird. Obwohl Esperanza mich bereits einige Male auf die Möglichkeit der Haarentfernung angesprochen und mir berichtet hatte, dass es in ihrem Land »Wachsfrauen« gebe, deren Beruf einzig die Haar-Entwachsung an allen erdenklichen Stellen sei, brauchte es dieses Café-Gespräch als letzten Anstoß, um endlich zur Tat zu schreiten.

Welche Haare wollte ich denn nun eigentlich entfernt haben? Es sollte möglichst eine Körperstelle sein, an der mein kleiner Versuch im Falle einer Rötung, Schwellung oder allergischen Reaktion nicht gleich zu sehen sein würde. Schließlich wählte ich fachmännisch beraten von meiner Expertin meinen Bauch als Ort des Geschehens aus.

Esperanza erwärmte das Wachs in einem Topf, bis es flüssig wurde, ließ es ein paar Minuten abkühlen, rührte es mit einem Holzschaber um und präsentierte es mir stolz wie einen geheimnisvollen Zaubertrank. Ich sollte mich auf den Rücken legen und mich entspannen. Langsam trug sie nun das Wachs mit dem Holzschaber auf die linke Seite meines Bauches auf, wobei mir schon ein wenig anders wurde. Das Wachs zog sich wie Klebstoff an meinen Haaren und meiner Haut entlang und es fing an weh zu tun, was mein männlicher Stolz aber nicht preisgeben wollte. Nun legte Esperanza einen langen weißen Stoffstreifen auf meinen Bauch und drückte ihn leicht an. Das Ende des Stoffes hielt sie in ihrer rechten Hand. »Bereit?«, fragte sie ohne ein Wimpernzucken. Ich spannte so fest es ging meine Muskulatur an und nickte. Mit einem kräftigen Ruck entgegen der Sprießrichtung meiner Haare riss sie mit aller Kraft das Stück Stoff von meinem Körper. Es war der Moment, in dem ich innerlich implodierte. Mit weit aufgerissenen Augen hätte ich am liebsten laut aufgeschrien oder gegen den Schrank geschlagen. Aber auch jetzt wollte ich so gut es ging meine Fassung bewahren und kein Weichei sein. Viele Frauen lassen diese Foltermethode schließlich regelmäßig und am ganzen Körper über sich ergehen – und das ganz freiwillig!

Esperanza sah mich erwartungsvoll an. Dann mussten wir laut loslachen. Der weiße Stoffstreifen hatte sich in einen schwarzen Teppich verwandelt, dessen Ende viele weiße Haarwurzeln zierten. Der schlimmere Anblick war jedoch meine linke Bauchhälfte. Sie war zwar glatt wie ein Babypopo, aber ihre Farbe änderte sich zusehends – von sonnengebräunt zu feuermelderrot.

»Kann das normal sein?« Meine Frage ignorierend, rührte Esperanza weiter in ihrem Topf herum, als sie plötzlich innehielt und staunte: »O Gott, ich glaube, du bist allergisch.«

Ich blickte an mir herunter und sah, wie sich zum Feuermelderrot dicke, rote Pusteln gesellten. Diese allergische Reaktion hielt über eine Woche an und war abgesehen von der entwachsten Bauchhälfte kein schöner Anblick.

Dies war meine einzige und hoffentlich letzte Erfahrung mit Wachs. Zumindest aber kann ich jetzt bei manch einem Frauengespräch mitreden. Nun empfinde ich noch mehr Respekt all jenen Frauen gegenüber, die ihre Rasur und Pflege auf diesem Wege bestreiten. Esperanza erzählte mir später noch, es sei in Lateinamerika üblich, dass sich sowohl Frauen als auch Männer im Intimbereich entwachsen. Eine Erfahrung, auf die ich gerne verzichte.

Welchen Stellenwert hat die Natur für dich?

Als Kind liebte ich Tiere, aber nur solche, die mit mir spielen oder die ich streicheln konnte. Jede Form von Insekten dagegen war mir völlig fremd. An einem Sommertag hatte ich mir vorgenommen, Fliegen zu fangen, um ihnen dann die Flügel auszureißen. In einem Kung-Fu-Film hatte ich gesehen, wie ein Meister einen Goldfisch mit bloßer Hand aus einem Teich gefischt hatte. Da kein Fisch in der Nähe war, erkor ich Stubenfliegen für meine Fang-Versuche aus, weil ich annahm, dass sie eine ähnliche Reaktionszeit aufwiesen wie Goldfische, wenn es darum geht, vor den Händen des Fängers zu entfliehen.

Ich war damals sehr grausam zu diesen Lebewesen, weil ich vollkommen unbewusst mit mir und meiner Umwelt umgegangen bin. Als ich älter wurde, tat mir mein damaliges Fliegen-Morden unendlich leid und ich sendete viele entschuldigende Gedanken hinauf ins Universum, damit es mir verzeihen möge. Je älter ich wurde und je mehr ich die kleinen Dinge zu schätzen und zu lieben lernte, desto mehr wurde mir auch bewusst, in welcher Beziehung ich zu mir selbst stehe. Plötzlich verstand ich, dass nur, wenn ich mich selbst annehme, ich auch jedes andere Lebewesen, jeden Floh und jeden Grashalm respektieren und ihnen meine Liebe und meine Achtsamkeit schenken kann. Im Prinzip ist es ganz einfach: Bin ich verbunden mit mir, dann bin ich auch verbunden mit der Welt! Aber dieses Bewusstsein entspringt nicht unserem Verstand, sondern reift in unserem Gefühl.

Ich glaube, dass der Mensch von allen Lebewesen und allen Dingen, die im Universum existieren, etwas lernen kann. Denn alles, was in unserem Kosmos seinen Platz gefunden hat, hat seine Berechtigung und ist für irgendetwas nützlich. Jedes kleine Detail trägt unendlich viel Schönheit in sich. Wir nehmen uns nur viel zu selten die Zeit dafür, uns und alles um uns herum zu betrachten, weil wir viel zu beschäftigt damit sind, Dingen hinterherzujagen, die uns nicht glücklich machen.

Jedes Mal umgibt mich solch ein wunderschönes Gefühl, wenn ich mit der Natur verbunden bin, dass ich manchmal meine Hand auf die Rinde eines Baumes lege und verharre.

Natürlich macht sich die Stimme des Verstandes in mir darüber lustig, aber gerade Bäume haben eine wahnsinnig ansteckende Energie und sind voller positiver Schwingungen, die viel stärker sind als alle rationalen Zweifel.

Was ist für dich das Schöne am Menschsein?

Das Schöne am Menschsein besteht in unserer Fähigkeit, unseren Verstand mit unserem Sein verschmelzen zu können. Diese besondere Eigenschaft unterscheidet uns von den Tieren, die einfach sind, ganz ohne einen bewertenden, urteilenden und vergleichenden Verstand. Da gibt es keine schönere Giraffe, keinen dünneren Hintern irgendeiner Kuh, und das Eichhörnchen ist auch nicht eifersüchtig auf das Kaninchen, weil es in einem paradiesischen Bau unter der Erde wohnt, während es selbst auf schwankenden Bäumen hausen muss. Keinen Verstand zu haben hat zwar durchaus viele Vorteile, aber leider auch einen entscheidenden Nachteil: Tiere können in ihrem Bewusstsein nicht wachsen. So wie sie kommen, so gehen sie. Dem Menschen hingegen steht die Möglichkeit offen, in seinem Bewusstsein bis ins Unendliche zu wachsen und sich zu transformieren. Dann kann er auch schon mal seinen Verstand verlieren, ohne gleich verrückt zu werden. Wir brauchen unseren Verstand nur dann zu benutzen, wenn wir ihn benötigen, und sollten ihn ausschalten, wenn er uns behindert.

Auf was verlässt du dich, wenn du Entscheidungen triffst?

Auf mein Bauchgefühl. Der Mensch weiß intuitiv, was gut für ihn ist. Diese Intuition entsteht aus keinem Mangelzustand, sondern vermittelt uns ein Gefühl der Zuversicht, dass unsere Vorhaben nicht scheitern werden. Das einzige Hindernis, das wir auf diesem Weg überwinden müssen, ist unser kontrollbesessener Verstand, der oftmals mit den Entscheidungen unseres Bauches nicht übereinstimmt. Er relativiert, wägt ab und wird sich immer für die sicherste Lösung entscheiden. Wer aber ein doppelt gesichertes Netz benötigt, bevor er sich auf das Drahtseil des Lebens wagt, wird ein Leben voller Kompromisse führen und damit unzufrieden sein. Wenn wir aber die Zeichen des Lebens richtig einzuordnen wissen und mutig genug sind, auf unsere innere Stimme zu hören, dann werden wir auch glücklich sein. Denn dann nehmen wir unser Leben selbst in die Hand und lassen uns nicht von Ängsten oder Zweifeln fremdsteuern.

Wird dein Penis kleiner, wenn du ins kalte Wasser gehst?

Genau diese Frage stellte mir einmal eine Frau auf einem Vortrag. Anschließend hielt sie sich kichernd die Hand vor ihren Mund, weil sie selbst kaum glauben konnte, dass sie mir diese Frage tatsächlich vor versammelter, nun lachender Runde gestellt hatte. Nachdem sich der Saal beruhigt hatte, fügte sie noch hinzu, dass sie es immer wieder amüsant fände, wie sich das liebste Stück ihres Mannes verhielte, wenn es sich kalten Wassertemperaturen ausgesetzt fühle.

»Da habe ich wohl Glück gehabt«, antwortete ich. »Auf Grund der Tatsache, dass meine Schwellkörper nicht empfindlich auf Kälte reagieren, macht mein Penis eine gute Figur am FKK-Strand, auch wenn es etwas frischer ist.«

Die Frau war mutig geworden und wollte noch mehr wissen. Wenn mein Penis sich nicht zurückziehe, wenn er kaltes Wasser zu spüren bekäme, was würde dann schon groß passieren, wenn er Wärme oder Reibung empfinde?, fragte sie nun deutlich forscher. Da ich tendenziell auf alle Fragen antworte und der Meinung bin, dass man über alles ohne Scham sprechen kann, antwortete ich ihr ruhig: »Nichts anderes passiert, als erwartet … Er explodiert! Und er bleibt sogar auf dem Höhepunkt seiner Explosion steif stehen, solange meine Partnerin und ich dazu Lust haben.«

Bist du traurig, dass du keine Kinder zeugen kannst?

Zwar bin und war ich nie in der Lage, eigene Kinder zu zeugen, aber ich fühle die Liebe zu Kindern. Für mich ist es nicht mehr so wichtig, dass ich keine eigenen Kinder zeugen kann, weil ich glaube, dass Erziehung und Begleitung viel wichtiger sind als die eigentliche Zeugung, die nur ein paar Minuten dauert. Es kommt einzig darauf an, seine universelle Liebe in ein Kind zu pflanzen und spürbar zu hinterlassen.

Ich bin gewillt, meine Erfahrung und meine Liebe all jenen Kindern weiterzugeben, die offen für sie sind. Und dennoch werde ich weiter am Akt der Zeugung arbeiten. Wer weiß, vielleicht springt ja irgendwann doch noch einmal der Funke über. Und sollte das nicht passieren, dann gebe ich mich eben mit der Vermutung zufrieden, dass ich in meinem vorherigen Leben wahrscheinlich zu viele Kinder gezeugt habe, weshalb das Universum mir einen natürlichen Stopp eingebaut hat, damit nicht zu viele kleine Balians auf der Erde herumlaufen. Tatsächlich ist es also nicht meine Bestimmung, Kinder zu zeugen. Meine Bestimmung ist eher, einer der vielen universellen Väter für viele Kinder zu sein – mit jedem Lächeln und jedem Blick und jeder liebevollen Lektion, die ich einem Kind nur schenken kann.

Wie war dein erstes Mal?

Ich bin nervös. Allmählich begreife ich, dass heute wirklich mein erstes Mal in voller körperlicher Ausstattung sein könnte. Sie wird mich streicheln und küssen, und ich werde mich gehenlassen können. Nichts auf der Welt wird mich mehr in den tiefen Abgrund meines Selbst hinabstürzen können, weil sich meine Identität mit meinem Körper verschmolzen hat.

In meinen Träumen schlief ich bereits viele Male mit ihr. Den Traum verlierend, schmunzle ich in mich hinein und versuche, meine Energie zu sammeln. Was bedeutet es für mich, Liebe und Zuneigung endlich uneingeschränkt zulassen zu können? Worte sind dafür zu schwach, Gefühle dafür zu mächtig. Nur die Liebe ist in der Lage, alles zu heilen.

Es ist für mich heute schwieriger als in der Vergangenheit, nicht dem Gedanken, mit einer Frau schlafen zu wollen, nachzuhängen, weil meine Hormone schwerer zu steuern sind. So muss ich meinen Freund zügeln, ihn Bedacht lehren und lernen, ihn zu befehligen. Dies erscheint mir die schwierigste Prüfung, wo ich doch achtundzwanzig Jahre um ihn betrogen wurde. Und nun soll ich ihm für eine Frau seinen Tatendrang nehmen? Was ist das für eine Logik? Das kann nur eine Frau von einem Mann verlangen – und ja – so ist es. Diese Gedanken lese ich in den sehnsuchtsvollen Blicken der Frauen: »Rede mit mir! Liebe mich verbal! Erst dann darfst du mich auch in meiner Ganzheit lieben. Du musst die Wahrheit sagen, auch ohne Worte. Dein Körper soll sprechen, wo Worte zu wenig sind. Dein Geist soll fühlen, wo Worte zu viel sind. Du musst eine Verbindung aufbauen, ohne Band, das einschürt. Sei ehrlich, aufrichtig und frei. Sei du!«

Ich weiß um all das, und doch fühle ich eine Gefahr, einen Druck in meinem Kopf, der bis zu meinen Lenden zieht. Gelegentlich ist dieses Gefühl wie ein wildes Pferd, das sich nicht einsperren oder gar zügeln lassen will. Und doch finden auch jene stürmischen Lebewesen ihre Ruhe, wenn sie sich ausgetobt und zu sich gefunden haben. Dann sind sie frei, auch wenn sie eingesperrt oder gesattelt werden. Meine Erfahrung erdete mich und ließ mich zur Ruhe kommen. Mein Leben hat gerade erst begonnen. Ich bin zügellos.

Ich öffne die Tür und blicke in zwei Augen. In ihre Augen. Ein Lächeln, ein leichtes Kopfnicken. Binnen Sekunden spielen meine Sinne verrückt. Was ist sie doch für ein himmlisches Geschöpf! Ihr Blick strahlt Intelligenz und Erfahrung aus. Ihre Haut produziert den wunderbaren Duft einer frühlingshaften Lilie, vermischt mit Mandel- und Honigessenz. Wie lange habe ich schon nicht mehr eine Frau so intensiv gerochen?

Ich nehme ihr den schwarzen Mantel ab, lege ihn behutsam über meinen linken Unterarm. Ihre Kleidung darunter wirkt klassisch-elegant mit einem Hauch aufreizender Erotik. Ich führe sie durch den schmalen Flur an einem überdimensional großen Bild eines Tuareg vorbei. Er ist ein nomadischer Wüstenkrieger und strahlt Ruhe und Gelassenheit aus. Zwei Halogenstrahler leuchten in seine Augen.

Meine schöne Frau verharrt einen Augenblick lang vor dem Bild. Ich spüre, wie sie Verbindungen zu meinem Leben herstellen möchte, und fühle auch einen Hauch von Ängstlichkeit. Ich möchte all ihre Empfindungen einfangen, sie filtern, um sie mit diesem Wissen zum richtigen Zeitpunkt zu überraschen. Einem Freund schrieb ich vor einigen Tagen: »Wenn du eine Frau wahrhaftig lieben möchtest, dann musst du ihren Geist erobern. Du musst sie beobachten, ihr aus tiefster Ehrlichkeit zuhören, sie verstehen lernen, ihre Körpersprache sprechen, wissen, was sie begeistert, wovon sie träumt, von ihren Lippen und in ihren Augen lesen. Dies sind die speziellen Türen zum göttlichen Wesen Frau.«

Mit Bedacht hänge ich ihren Mantel auf, streife meine

Schuhe ab und lasse sie vor dem Tuareg stehen. In der Wüste laufen die wahren Krieger barfuß auf Sand. Sie tut es mir gleich, behält jedoch ihre Strümpfe an. Ich führe sie an der offenen Küche und dem Esszimmer vorbei ins Wohnzimmer. Zwei Kissen zieren den neuen Flokati und ich erkläre ihr, dass dieser heilige Bereich nur mit nackten Füßen betreten werden dürfe. Ohne zu zögern, zieht sie ihre Strümpfe aus. Wir schreiten über den Teppich, bedächtig, herrschaftlich. Unsere Füße spüren die Massage des Teppichs, fühlen sich gekitzelt, ohne einander zu berühren. Ich merke, wie ein warmes Gefühl der Vertrautheit, des losgelösten Seins sich in ihrer Magengegend und über ihren Brustkorb zum Herzen hin ausbreitet und ihren Körper mit positiver Energie versorgt. Was gäbe ich jetzt dafür, in ihrem Kopf, in ihrem Herzen zu sein? Alles und doch nichts, weil ich schon darin bin. Ich lasse meine Gedanken los, möchte den Augenblick nicht länger kontrollieren. So bin ich offen für sie, für ihre große, weite Welt. Man müsste von Sinnen sein, um dies nicht zu spüren.

Als die erste Nervosität verflogen ist, setzen wir uns auf die Kissen. Dieses Mal verharre ich in ihrem Bild. Ein sanftes Kerzenlicht schimmert um ihre Augen. Ich verweile in ihnen, sehe, wie das leichte Flackern der Kerzen sich in ihren Pupillen spiegelt, immer wenn ein kleiner Windhauch durch das gekippte Fenster weht. Ihre Pupillen sind wie ein See, dessen Oberfläche zunächst ein leichter Wind heimsucht, der sich dann, sanfte Wellen hinter sich lassend, wieder verabschiedet, um einem klaren Spiegelbild auf der Oberfläche Raum zu geben.

Wir halten respektvollen Abstand. Aber bleiben gerade noch nah genug, dass wir uns riechen und die Nähe des anderen Körpers spüren können. Ich blicke zur Seite und sehe unsere Schatten, wie sie auf den Kissen sitzen und am Ende des Raumes ineinander übergehen.

Wie konnte ich so blind sein? Wie konnte ich den Schatten ignorieren, wo er doch die Polarität zum Licht, zur Erfüllung ist? Schatten, was für ein kleines Wort mit mächtiger Bedeutung! Du bist mein Zeichen. Du bist meine Wahrheit und meine Entscheidung. Ich werde heute nicht mit ihr schlafen. Noch nicht mit ihr schlafen. Noch nicht …

Ich hole Luft und frage sie: »Geht es dir gut? Ist dir warm genug?«

»Ja, danke«, antwortet sie mir kurz.

Ich beginne ein Gespräch und erzähle ihr von der Abenteuerreise meines Flokatis. Ich musste viele Monate auf den Teppich warten, da ich ihn in Griechenland bestellt hatte und sie dort im Sommer immer eine dreimonatige Arbeitspause einlegen. »Gerne wäre ich für ein paar Monate griechischer Schafsjunge«, fuhr ich fort, »würde in der Mittagssonne mit freiem Oberkörper und aufgewirbeltem Haar unter einem Olivenbaum liegen, ein wachsames Auge auf meine Schafe werfen und in meinem Tagebuch aus geschöpftem Papier und mit ledernem Einband stöbern und schreiben. Ich ließe die Welt Welt sein.«

Dann schweigen wir eine Weile, lauschen der Musik.

»Was hat dich vorhin beim Anblick des Tuareg irritiert?«, frage ich sie nach einer Weile.

»Verhüllte Menschen machen mir irgendwie Angst und

flößen mir Respekt ein. Ihr Tor zur Seele, ihre Augen sind unverhüllt, und ich kann direkt und ohne Ablenkung in ihr tiefstes Inneres blicken. Diese Augenblicke haben so viel Macht.«

Ich stehe wortlos auf, um etwas zu trinken zu holen. In der Küche schließe ich für Sekunden die Augen und stelle mir selbst die Frage: »Was ist, wenn sie dieser besondere Mensch ist und heute tatsächlich der Abend sein wird, den ich nie wieder vergessen werde?«

Ich gehe mit zwei Gläsern in der Hand zurück und stelle ihren Drink sanft neben ihr ab. Dabei komme ich ihrem Hals sehr nahe und kann sie noch intensiver riechen. Sie trinkt einen Schluck. Ihre Lippen nehmen die Feuchtigkeit auf und reflektieren für ein paar Sekunden ein feuchtes Schimmern. Sie fühlt sich geborgen und sicher, streckt sich gemütlich auf dem Flokati aus, platziert ihren rechten Arm unter ihren Kopf und schaut mich von der Seite an. Ich nehme unaufgefordert eine Decke vom Sofa und lege sie vorsichtig über sie. Mit dem nötigen Abstand lege ich mich neben sie. Unsere Augen treffen sich und verharren im Blick des anderen.

Wie unglaublich wichtig es ist, auch mit einem Menschen schweigen zu können. In früheren Situationen wäre ich vor Nervosität gestorben, hätte irgendetwas getan oder gesagt. Aber nun bin ich einfach im Hier und Jetzt.

Als spürte sie meine Gedanken, erzählt sie mir von ihrem Leben, ihrer Familie, ihrer Liebe und ihren Träumen. Ich höre ihr schweigend zu und bin fasziniert. Die CD läuft zum wiederholten Mal. Plötzlich fragt sie: »Weißt du, was über dich erzählt wird?«

»Die Menschen reden viel«, antworte ich. »Jeder sollte selber herausfinden, was die Wahrheit ist.«

»Einige haben mich vor dir gewarnt, weil du die Frauen verrückt machen sollst.«

»Sie waren schon vor mir verrückt. Außerdem ist Verrücktsein eine gute Eigenschaft«, entgegne ich leicht amüsiert.

»Sie behaupten auch, dass du ein Schürzenjäger bist!«, sie lässt nicht locker.

»Vielleicht war ich einer«, antworte ich jetzt nachdenklicher, »aber nur deshalb, weil ich meine eigene Unzufriedenheit kompensieren musste und glaubte, durch Frauen mein Selbstbewusstsein stärken zu können.«

»Wenn du früher ein Suchender warst, wer bist du dann heute?«

»Ein Mann, der in sich ruht und dennoch auf der Suche ist.«

»Nach was?«, fragt sie weiter.

»… nach so vielem. Nach Liebe, Verständnis, Wegen, wie ich anderen helfen kann«, versuche ich ihr zu erklären.

Ich bemerke an der Art ihrer Körpersprache, dass sie etwas offener wird. Sie rückt das Kissen zurecht, legt ihren linken Arm, der zunächst als Barriere zwischen uns lag, auf ihren Oberschenkel und schiebt ihren Kopf etwas mehr in meine Richtung

»Weißt du, meiner Meinung nach gehören zu einem Schürzenjäger immer zwei. Das Wort alleine setzt sich schon aus Schürze und Jäger zusammen. Daher magst du vielleicht ein Jäger sein. Aber ich ziehe mir ganz gewiss keine Schürze an.«

203

Sie muss laut auflachen. Ich lache mit ihr mit und kann meinen Blick nicht von ihren schönen weißen Zähnen wenden. Unser Lachen hat das zarte Eis zwischen uns gebrochen.

»Erinnerst du dich, als wir uns vor drei Wochen mit anderen zum Tanzen verabredet hatten?«, frage ich sie. »Zunächst tanzte jeder mit jedem. Wir lachten viel und hatten unseren Spaß. Aber als wir beide aufeinandertrafen, spürte ich sofort, da liegt etwas in der Luft. Ich merkte auch, dass du mir lange nicht in die Augen sehen wolltest.«

Ruhig und bedacht nimmt sie ihre Hand unter der Decke hervor und greift nach meiner. Sie legt ihre Finger über meine, streichelt meinen Daumen, fährt sanft über meinen Handrücken. Mein Puls steigt an. Ich rücke ein wenig näher, krieche vorsichtig unter ihre Decke. Ich bin ihr ganz nah, rieche an ihrem langen Haar, streife es sanft zur Seite, sodass ihr Hals ganz frei vor mir liegt. Ich lege meinen rechten Arm um sie, ertaste vorsichtig ihre Bluse, ihren Rücken, spüre ihren Atem, ihr Wohlempfinden. Sie berührt ebenfalls meinen Rücken, streicht mit ihrer Hand unter mein Hemd, berührt meine Haut. Vom Gefallen übermannt, liebkose ich sie zärtlich unter ihrer Bluse, gleite hinunter zu ihrem Hosenbund. Ich spüre ihre weiche Haut. Wie das weiße Blütenblatt einer Calla fühlt sie sich an, warm, weich, geschmeidig. Ich ziehe meinen Kopf langsam zurück und blicke sie an, kann die Spannung schon kaum mehr ertragen. Ich will sie küssen, sie näher an mich heranziehen, und dann schließe ich meine Augen.

Ich erinnere mich an den Schatten. Haben sich unsere Köpfe schon vereint?

Es gibt nichts mehr zu sehen, nichts mehr zu verstehen. Nichts hält sie mehr auf ihrer Seite, sie kommt mir immer näher.

Endlich. Endlich berühren sich unsere Lippen mit einer Kombination aus suchender Leidenschaft und abwartender Vorsicht. So vergehen Minuten, ehe die Leidenschaft durchdringender, unabwendbar wird. Sie lässt ihre Hand von meinem Rücken zu meinem Oberkörper gleiten und drückt ihren Unterarm auf meinen Brustkorb. Es liegt eine besondere Spannung in der Luft. Ihr Ellenbogen signalisiert mir, dass da noch etwas zwischen uns ist. Sie macht mir klar: »Ich steuere das Tempo.« So möchte ich noch näher zu ihr, will diese Wand durchbrechen, meine Stärke ausspielen. Sie spürt meine Energie, die nur noch von einem lockeren Zügel gehalten wird. Sie öffnet die Knöpfe an meinem Hemd, einen nach dem anderen, und wird dabei immer langsamer. Sie genießt das Spiel und die Kontrolle. Mein nackter Oberkörper liegt jetzt unter ihr. Ich ziehe ihren Körper näher an mich heran, nicht ohne dass sie in Windeseile ihren Arm erneut gegen mich presst. Nur berührt diesmal sie meine nackte Haut, fährt wie zufällig mit ihren Fingernägeln über meine angespannten Brustmuskeln. Ein Spiel der Lust, der Macht, der Verführung beginnt. Ich lasse sie gewähren, lege mich ungeschützt auf den Rücken. Sie folgt mir, legt sich auf mich, küsst mein Ohr, meinen Hals, lässt sich tiefer zu meinen Brustwarzen, meinem Bauch hinab, ehe die Grenze meines Gürtels sie wieder nach oben schickt. Ich richte mich auf. Sie sitzt auf mir. Ich blicke sie an, öffne ihre Bluse, Knopf für Knopf, streife sie ihr über beide Schultern. Sie trägt einen schwarzen BH, die Spitzen fein ausgearbeitet.

Wie schön er sich ihren Rundungen anpasst. Ich drehe unser Spiel um, lege sie auf den Rücken, gehe mit meinem Mund, meiner Zunge jene Wege, die sie an mir erforschte, verharre bei ihrem Oberkörper, befreie eine Brust aus ihrem BH, küsse die erregte Warze, werde mit meinen Händen fordernder. Kein Ellenbogen darf sich jetzt noch zwischen uns legen. Kussspuren haben auf ihrer Brust einen hauchdünnen Speichelfilm hinterlassen, der sie noch erregter werden lässt. Ich fühle ihre harte Warze auf meinem Oberkörper, drücke mein Genital gegen ihr Becken, greife ihre Arme und presse sie über ihrem Kopf aufs Kissen. Wir blicken uns an und wissen, dass es jetzt kein Zurück mehr gibt. Ich möchte nichts überstürzen. Ich streichle über ihre Wangen, küsse sie beruhigend und liebevoll, als hätten wir den Akt schon hinter uns. Behutsam knie ich mich vor ihr nieder, winkle ihre Beine an, schiebe sie zusammen, damit ich sie von der engen Jeans befreien kann. Meine Schöne zieht an meinem Gürtel, reißt ihn aus den Laschen meiner Jeans, öffnet die Knöpfe, und wenige Augenblicke später liege ich mit meinen engen weißen Trunk-Shorts vor ihr.

Wir stehen langsam auf, küssen uns, torkeln, betrunken vor Lust und Sehnsucht. Wir streicheln uns von Kopf bis Fuß, ziehen uns aus.

Nackt, frei, schutz-, aber nicht willenlos stehen wir voreinander. Wir vertrauen einander und wollen uns alles schenken. Sie kniet nieder, nimmt mit ihren Händen meine Hoden, massiert sie sanft und küsst dabei meinen Penis. Ich halte es kaum aus. Auch wenn ich mir in diesem Augenblick nichts sehnlicher wünsche als zu kommen, ver-

dränge ich diesen Gedanken, will mich und sie noch ein
wenig reizen. Ich knie mich zu ihr, blicke über ihre Schulter
und sehe im Kerzenlicht unsere Schatten miteinander verschmelzen. Ich werde langsamer auf dem Weg nach unten,
umkreise ihren Bauchnabel, fühle ihr schmales Becken,
fahre an ihren Oberschenkeln entlang, um an den Innen-
seiten noch langsamer wieder hinauf zu streicheln. Sie lässt
sich gehen, ihr Kopf fällt in den Nacken. Sie genießt und
hält mit einer Hand noch meinen Penis fest, um mit harmonischen Bewegungen meine Sinne zu verwöhnen. Dann
lege ich sie auf den Rücken, stelle ihre Beine auf, nur um sie
dann wieder behutsam zu öffnen. Meine Hände gleiten von
ihren aufgestellten Knien über ihre Oberschenkelinnensei-
te zu ihrer Körpermitte. Ich lehne mich halb über sie, fahre
mit meinen Händen an ihren Hüftknochen vorbei und
greife unter ihren Po. Ich hebe ihr Becken etwas an, ziehe
sie noch näher zu mir und gleite mit meinem Mund ganz
sanft von ihrem Bauchnabel zu ihrem Hals. Dabei legt sich
mein Oberkörper auf dem Weg nach oben mehr und mehr
über sie, bis meine Penisspitze sie ganz leicht berührt. Ein
leiser Seufzer dringt in mein Ohr. Ich knie mich wieder vor
sie hin und berühre sie mit meiner Zunge ganz langsam,
behutsam und so zart, dass sie jede Berührung erahnen
muss. Ich fühle, dass es nicht mehr lange dauern wird, lege
etwas Druck nach und lasse ganz plötzlich von ihr ab.

Wie eine aufgebrachte Löwin wirft sie sich jetzt auf
mich. Wie kann ich es wagen, kurz vor ihrem Höhepunkt
innezuhalten? Sie will es mir heimzahlen. Das verraten ihre
Blicke. Ihre Brüste liegen auf meinem Brustkorb, ihre Zähne beißen sich fest in meinen Hals. Sie arbeitet sich mit

jedem Kuss tiefer. Eine Hand schiebt sich zu meinen Hoden nieder und hält sie fest, presst sie ungestüm zusammen. Ihr Mund folgt ihrer Hand und lässt meine Erektion in sie hineingleiten.

Ich lasse sie gewähren, finde Gefallen an unserem Zusammenspiel von forschem Verlangen und romantischer Zurückhaltung. Ich halte es nicht mehr aus, will und kann so aber nicht zur Vollendung kommen. Ich weiche von ihr, lege sie auf den Rücken, küsse sie wieder und wieder. Meine Augen sprechen mit ihrem schönen Körper und verschlingen seinen Duft. Dann lege ich ihre schmalen Beine über meine Schultern und dringe in sie ein.

Ich schlage die Augen auf, schaue mit durchdringendem Blick in die ihren und weiß nun endgültig, dass ich angekommen bin.

Ich bin so unglaublich dankbar für dieses Gefühl. All die Jahre des Schmerzes sind vergessen. All die Jahre des Verzichts haben sich gelohnt. All die Jahre hat die Liebe mich gerettet.

Hast du eine Freundin?

Ich habe viele Freundinnen und eine ganz spezielle: Gabi. Nachdem ich 2001 nach Mainz gezogen war, sprach sie mich eines Tages beim Training an. Sie trainierte in derselben Halle wie ich und kannte mich aus der Zeitung. Was ich auf den ersten Blick nicht merkte, war, dass Gabi ein Mensch mit einer geistigen Behinderung war. Erst im Laufe unseres Gesprächs wurde mir diese Tatsache bewusst. Zuerst redeten wir übers Joggen und ihr Trainingspensum. Dann vertraute sie mir eine Geschichte an, die sie sichtlich verwirrte und traurig stimmte.

In unserer Halle liegt gleich neben den Toiletten für Frauen und Männer eine Behindertentoilette mit Dusche. Gabi wollte an diesem Abend dort duschen, weil ihr in der anderen Dusche vor nicht allzu langer Zeit die Socken geklaut worden waren. Doch der Hausmeister hielt sie mit den Worten auf: »Was hast du dort zu suchen? Wenn ich dich noch einmal erwische, dann gibt es Stress!«

Gabi antwortete, sich ihrer Lage sehr wohl bewusst: »Aber ich bin doch behindert! Ich kann Ihnen auch meinen Ausweis zeigen.«

Der Hausmeister aber wollte die Berechtigung gar nicht sehen, sondern wiederholte nur seine Drohung.

Gabi hatte dieses Ereignis nicht so recht verstanden. Sie wiederholte erneut die wichtigsten Punkte ihrer Geschichte: »Mir wurden die Socken geklaut, und ich habe eine Behinderung, darf aber nicht auf die Behindertentoilette gehen …«

Plötzlich schien ihr ein Licht aufzugehen: »Der Hausmeister hatte sicherlich schlechte Laune, weil er einen schlechten Tag hatte oder unzufrieden mit sich ist.«

Nachdem sie selbst diese Erklärung gefunden hatte, lachte sie mich an, und alle Sorge war aus ihrem Gesicht verschwunden. Ich beobachtete sie und war mir sicher, einen sehr glücklichen und weisen Menschen vor mir zu haben.

Ich fand Gabi von Anfang an cool. Es war sozusagen Liebe auf den ersten Blick. Gabi ist einfach sie selbst und gibt immer Paroli, wenn jemand sie auf den Arm nehmen will. So entschied ich, dass sie ab sofort meine ganz spezielle Freundin sein würde, eine Freundin, der das Gen zum Eingebildetsein fehlt.

Sichtlich erfreut über meine Zuwendung seit unserer ersten Begegnung, begrüßte mich Gabi von da an immer lauthals, sobald sie mich sah. »Hallo Herr Buschbaum!«, brüllte sie im breitesten Rheinhessisch durch die ganze Halle und hörte nicht eher damit auf, bis ich ihren Gruß erwiderte oder meine Freude über ihr Erscheinen signalisierte.

Das mit dem »Herrn« in der Anrede war übrigens nicht immer so. Bevor ich 2007 meine persönliche Veränderung bekanntgab, sprach sie mich stets mit »Frau Buschbaum« an, was mir damals schon aufstieß, ich aber ignorierte. Am Tage nach der Bekanntgabe meines Lebenswandels stand Gabi wieder in der Halle und dröhnte in alter Manier los. Ich ging zu ihr, nahm sie zur Seite und fragte sie, ob sie keine Zeitung gelesen habe. Sie verneinte und ich erklärte ihr daraufhin mit der größten Selbstverständlichkeit meine Situation und bat sie darum, mich ab sofort Balian oder Herr Buschbaum zu nennen. Am nächsten Tag betrat Gabi erneut die Halle und brüllte bereits am Eingang: »Hallo Herr Buschbaum!« Ich war vollkommen verblüfft. Gabi ist innerhalb eines kurzen Gespräches das gelungen, womit andere Wochen und Monate ihre Schwierigkeiten hatten.

PS Zu ihrem letzten Geburtstag wollte ich Gabi ein besonderes Geschenk überreichen. Ich wusste, was ihr der Sport bedeutet, also durchforstete ich meine Schatztruhe. Heraus zog ich ein paar High-Tech-Socken und den Nationalmannschaftsanzug von den Olympischen Spielen in Sydney und entschied, dass Gabi diesen aufgrund ihrer Leistung durchaus verdient hat.

Können die Menschen dich und deinen Werdegang wirklich verstehen?

Kurz vor Ende einer Lesung, als ich schon viele neugierige und interessierte Fragen aus dem Publikum beantwortet hatte, meldete sich ein junger Mann zu Wort, der mir schon zu Beginn des Abends aufgefallen war. Moritz, wie er sich vorstellte, schien seine Stimme zu mögen, denn er redete eine ganze Weile, ohne dass ich verstanden hätte, worum es ihm eigentlich ging. Schließlich kam er zum Punkt und wollte wissen, ob mein Werdegang auch so abgelaufen wäre, wenn ich als kleines Kind auf einer einsamen Insel gestrandet wäre und die Gesellschaft mich nicht hätte beeinflussen können. Mit hundertprozentiger Sicherheit konnte ich Moritz aus der Tiefe meiner Gefühle mitteilen, dass ich schon als kleines Kind wie ein Junge gedacht und gefühlt hatte. Ich spürte aber, dass ich ihn nicht so recht überzeugen konnte. Also startete ich ein kleines Experiment: Zu Moritz' Rechten saß eine sehr attraktive junge Frau, die ich mit in meinen Versuch einbeziehen wollte. Ich bat ihn, sich seine Nachbarin genau anzusehen. Sie trug eine weiße Bluse, eine kurz über den Knien abgeschnittene, ausgefranste Jeans und rote Ballerinas. Nun sollte sich Moritz auf seine Bedürfnisse als Mann konzentrieren und mit geschlossenen

Augen all die Bilder zulassen, die ihm beim Gedanken an die hübsche Frau in den Kopf kamen. Ich ließ ihm einen Augenblick Zeit. Anschließend forderte ich ihn auf: »Und nun öffne bitte deine Augen und stell dir vor, dass du mit deinen Gedanken, deiner Leidenschaft und deinem Verlangen als Mann gefangen bist in ihrem Körper.«

Er öffnete die Augen und lächelte. Bei der Vorstellung, an den eigenen Rundungen herumgrapschen zu können, mussten er und der ganze Saal lachen. Dann wurde er plötzlich ganz still. Da wusste ich, dass er verstanden hatte.

Ob die Menschen mich und meinen Werdegang verstehen können? Jeder, der bereit und in der Lage dazu ist, sich in mein Leben hineinzuversetzen, wird mich verstehen können. Für alle anderen könnte das eine echte Herausforderung werden. Es gibt ein schönes indianisches Sprichwort, das mich schon lange auf meinem Weg begleitet: »Urteile nicht über einen Menschen, solange du nicht einen Mond lang in seinen Mokassins gegangen bist.«

Wie reagierst du, wenn dein Weg nicht akzeptiert wird?

Einmal postete jemand anonym folgenden Kommentar auf meiner Website: »Der Buschbaum kann sich auf den Kopf stellen. Aber spätestens dann, wenn er auf dem Tisch im Leichenschauhaus liegt, wird er nicht als normaler Mann gestorben sein.« Ich musste über diese Aussage nicht lange nachdenken, um ihr bedingungslos zuzustimmen. In meinem Testament werde ich nämlich veranlassen, dass ich nicht als normaler Mann sterben will, sondern mit einem seligen Lächeln, meine Hände um meine Dauererektion gefaltet, zu Grabe getragen werde möchte. Meine Penispumpe wird nämlich eine Erektion über meinen Tod hinaus garantieren, und mein Penis wird erst dann erschlaffen, wenn ihre Garantie abgelaufen ist oder irgendein impotenter Nager sie sich ausleihen möchte.

Wirst du immer männlicher oder ist irgendwann Schluss?

Nun ja, der Plan ist, dass ich die nächsten drei bis fünf Jahre immer weiter wachse und irgendeines schönen Morgens als Hulk erwache!

Tatsächlich ist es so, dass der Mensch nie aufhören wird zu wachsen. Körperlich mögen dem Menschen Grenzen gesetzt sein, die aber nicht allein das Testosteron festlegt, sondern auch die entsprechende Veranlagung. Kurzum: In und an mir kann nichts wachsen, was nicht schon vorher in mir war. Meiner Veranlagung kann ich also zuschreiben, in welchem Maße das Gestrüpp auf meinem Kopf wachsen oder ausfallen wird, wie sich die Haare auf meinem Körper ausbreiten und für welche heroischen Taten meine Muskeln noch bereitstehen werden.

Eigentlich durchlaufe ich zurzeit noch die ganz normale Entwicklung eines in die Pubertät gekommenen Jungen. Dieser wacht ja schließlich auch nicht eines Morgens mit endgültiger Körperbehaarung und abgeschlossenem Stimmbruch auf. Alles wächst und gedeiht, was wachsen und gedeihen soll.

Lässt du dich leicht vereinnahmen?

»Willst du nicht mal beim Christopher Street Day auf dem Wagen mittanzen und danach auf unserer Sitzung etwas über dich erzählen?« Oft habe ich Anfragen von Menschen erhalten, die sich dies und jenes gut mit mir vorstellen konnten. Mal waren diese Anfragen sportlicher Natur, mal im Zusammenhang mit Schwulen-, Lesben- und Transgenderthematiken. Generell freue ich mich über jede Anfrage. Allerdings sehe ich auch gewisse Gefahren in Gruppierungen, weil sie sich zum größten Teil selbst einschränken. Wenn wir uns irgendwo dazugehörig fühlen, uns mit einem bestimmten Wort, einer Bedeutung identifizieren, weil wir glauben, das oder jenes zu sein, dann passiert es oft, dass wir uns gleichzeitig irgendwo anders ausgrenzen.

Wenn ich mich zum Beispiel mit Homosexualität identifiziere, dann kann ich schlecht an einer Demo für den Erhalt des traditionellen Familienbildes teilnehmen. Nicht besonders schade, ich weiß. Wenn ich mich als Mann identifiziere, dann kann ich nicht einfach in eine Damensauna hineinspazieren. Was wirklich schade ist! Wenn ich mich als Mensch identifiziere, dann kann ich nicht zu den geheimen Treffen der Tiere gehen. Mir geht es hierbei nicht um die Identifikation, sondern um die Ausschließlichkeit. Gibt es einen Zustand, eine Identifikation, die mich nicht ausgrenzt? Ich glaube ja, wenn ich mich mit dem puren Sein identifiziere, bzw. einfach bin, dann bin ich überall willkommen. Dann bin ich Hund, Pferd und Maulwurf gleichzeitig. Dann gibt es keinen Fremdenhass, keine Diskriminierung oder Verfolgung mehr, weil ich einer anderen Religion angehöre oder das gleiche Geschlecht liebe. Dann bin ich mit allen und allem verbunden. Was soll ich dann also noch bekämpfen? Vielleicht identifizieren sich so viele Menschen mit irgendetwas, weil sie sonst Langeweile empfinden und einfach nur irgendwo dazugehören wollen, und zwar am besten dort, wo sie in irgendetwas gut sind und dafür bewundert werden.

Ich habe versucht, vielen Anfragen gerecht zu werden, weil ich glaube, dass Aufklärung einen großen Teil dazu beitragen kann, den Menschen die Angst vor dem Unbekannten zu nehmen. Wenn ich allerdings eine Eingrenzung erfuhr, dann versuchte ich stets meine Sicht der Dinge darzulegen. Ich fühle mich zum Beispiel auch nicht transsexuell und finde Begriffe wie hetero-, homo, bisexuell usw. überflüssig. Warum haben die Menschen immer den Drang, alles zu benennen und zu bewerten zu wollen? Warum benötigen sie diese Schubladen?

Es ist mir egal, ob mein Gegenüber Frauen, Männer oder Ameisenbären liebt. Was für mich zählt, sind die Taten eines Menschen im Augenblick, das, was mir sein Herz, seine Seele erzählen. Wenn all diese Faktoren in einem glücklichen Sein wohnen, dann haben wir nur noch die Aufgabe, anderen Menschen dorthin zu verhelfen. Dann wird sich die Welt verändern, weil wir uns verändert haben.

Welche Träume hast du?

Ich glaube, dass Träume auf der einen Seite etwas sehr Schönes sein können, weil sie Vorfreude auf Ereignisse oder Dinge schenken. Auf der anderen Seite aber sind sie gefährlich, weil sie uns stets den Augenblick nehmen. Jeder Augenblick ist wunderschön, wenn man sich nicht mit vergangenen Problemen oder zukünftigen Erwartungen belastet. Einzig das Hier und Jetzt vermag dem Menschen Frieden zu geben.

Ich darf mich glücklich schätzen, dass ich mir meinen Lebenstraum, zu dem Menschen zu werden, der ich immer schon gewesen bin, bereits erfüllen durfte. Die wahre Aufgabe jedes Menschen besteht darin, den Weg zu sich selbst zu gehen. Mit bedingungsloser Ehrlichkeit und großem Urvertrauen erfüllen sich alle echten Wünsche automatisch. Ein weises Sprichwort lautet: »Ein Weg, der nicht für seinen Wanderer sorgt, ist kein guter Weg zum Wandern.«

Ich habe gelernt, die Zeichen meines Lebens richtig einzuordnen und meinen Horizont stets zu erweitern. Ich sehe es als meine Berufung an, den Menschen zu helfen. Ich wünsche mir einen Ort, an dem Menschen zu mir kommen können und ich sie mit offenen Armen empfangen darf. Einen Ort, an dem sie bleiben und verschnaufen können und an dem sie so sein dürfen, wie sie sind. Dieser Ort liegt in erster Linie in meinem Herzen und breitet sich von Begegnung zu Begegnung immer weiter aus. Dazu bedarf es der Stille, des Humors, der Geduld, des Muts, der Ehrlichkeit, des Vertrauens und der wahrhaftigen Liebe.

Ich wünsche mir keine materiellen Dinge mehr, weil ich

erkannt habe, dass sie in meiner Vergangenheit nur für Kompensation sorgten. Wie rastlos wären wir, wenn wir uns daran klammern und stets nach ihnen streben würden? Wie rastlos war ich? Ich wünsche mir Freiheit und Bewusstsein und lasse diesen Wunsch gleichzeitig wieder los, weil mir das Bewusst-Sein alleine genügt.

Wer ist blind?
Der eine andere Welt nicht sehen kann.
Wer ist stumm?
Der zur rechten Zeit nichts Liebes sagen kann.

Wer ist arm?
Der von allzu heftigem Verlangen Gequälte.
Wer ist reich?
Dessen Herz zufrieden ist.

Indisches Sprichwort

Aussichtsreich

Norden: Ein irrsinniger Weg

Eines Tages trat eine Frau aus dem hohen Norden Deutschlands durch die Tür des irrsinnigen Seminars. Sie war fest entschlossen, die Hindernisse, die sie bislang davon abhielten, glücklich zu sein, mit etwas Hilfe aus dem Weg zu räumen. Sie war auf der Suche nach sich selbst.

Wer sind wir eigentlich jenseits unseres Jobs, unserer Familie, unserer Freunde und unserer Hobbys? Dieser Frage gehe ich zu Beginn meiner Seminare nach. Viele Menschen definieren sich über Äußerlichkeiten, materielle Dinge oder die Meinung anderer, ohne dabei zu wissen, wer sie hinter dieser Fassade wirklich sind. Das wird ihnen meist erst dann klar, wenn plötzlich ein wichtiger Teil abbröckelt, wenn ihr Partner sie zum Beispiel verlässt, ihr Chef ihnen kündigt oder die Stimmung im Bekanntenkreis sich gegen sie richtet. Dann bricht ihr Selbstwertgefühl wie ein Kartenhaus zusammen, und sie fühlen sich hilflos und schutzlos.

Ein weiterer Schwerpunkt meiner Seminararbeit liegt auf der Vermittlung des Wissens um die Konditionierung unseres Egos. Jiddu Krishnamurti schreibt über das Ego: »Alle Erfahrungen, die ich als Individuum mache, kreisen um mein Ego. Es wird Träger all meiner Konditionierungen.« Osho, der auch unter dem Namen Bhagwan Shree Rajneesh bekannt ist, formulierte es noch zugespitzter: »Das Ego ist das genaue Gegenteil von deinem wahren Selbst. Das Ego ist eine Täuschung, die dir von der Gesellschaft gegeben wurde, damit du ein Spielzeug hast, das dich beschäftigt hält und dich nie nach der Wahrheit fragen lässt.«

Viele negative Verhaltensweisen und Emotionen lassen sich auf einen Mangelzustand zurückführen, der meist unbewusst in uns wirkt und sich in unserem Ego und unserem Verhalten manifestiert. So lassen sich Ungeduld, Gereiztheit, Wut und auch körperliche Schmerzen oft auf fehlende Bedürfnisbefriedigung in der Vergangenheit zurückführen, wie etwa die Erfahrung eines Mangels an Liebe, Vertrauen, Respekt, Anerkennung, Wertschätzung und Sicherheit. Dabei spielen auch Ängste eine wesentlich größere Rolle, als wir uns eingestehen wollen. Aus meinem alten Leben, in dem Kompensation auf der Tagesordnung stand, weiß ich, dass unglaublich viele Verhaltensweisen aus unserem Ego entspringen.

Auf dem Weg zu mehr Bewusstsein benötigt man einige wichtige Werkzeuge: Ehrlichkeit zu sich selbst, Selbst-Vertrauen, Mut, Liebe, Achtsamkeit, Ausdauer, Konzentration und Humor. Ein Mensch, der raucht, übermäßig viel isst, Alkohol und / oder andere Drogen konsumiert, spielsüchtig ist oder andere Befriedigungen und Ablenkungen im Außen sucht, wird durch den Einsatz dieser Werkzeuge viele seiner eingefahrenen und schädlichen Verhaltensmuster aufschlüsseln können. Er wird erkennen, dass selbst seinem Zigarettenkonsum nur ein tieferer Mangel zugrunde liegt. Nur wenn wir uns von all unseren Mängeln befreien können, werden wir ganz wir selbst sein. Dann werden wir auch genau das erreichen, was gut für uns ist. Deshalb animiere ich auch meine Seminarteilnehmer, sich auf die eigene, vom Ego befreite Weisheit zu verlassen. Denn sie ist wertvoller als das theoretische Wissen aus Büchern, das schließlich auch nur die Erfahrungen eines anderen widerspiegelt.

Bis vor einigen Jahren glaubte man noch, dass unser Gehirn ab Anfang zwanzig nicht mehr zu verändern sei und der Mensch fortan so bleiben müsse, wie er sich bis dahin entwickelt habe. Doch neuere wissenschaftliche Erkenntnisse widerlegen diese Annahme. Unser Gehirn ist plastisch und jederzeit veränderbar. Wir müssen dazu nur an den richtigen Stellen ansetzen. Dabei macht es wenig Sinn, emotionale Hürden allein mit dem Verstand überwinden zu wollen, denn die Gefühlswelt erreicht weitaus tiefere und ältere Gehirnbereiche als unser Verstand. Ich ermunter deshalb meine Seminarteilnehmer, mit ihren Emotionen zu arbeiten.

Man kann sich die Funktionsweise unseres Gehirns ungefähr so vorstellen: Wenn man über eine Wiese immer wieder denselben Weg läuft, dann bildet sich irgendwann eine Schneise, die sich mit jedem Mal tiefer in den Boden eingräbt. Vergleichbar damit sind die »emotionalen Furchen« in unserem Gehirn. Diese Muster entstehen, wenn wir zum Beispiel einen Vortrag vor Publikum halten sollen und uns davor fürchten, vor lauter Aufregung uns dauernd zu versprechen. Wenn wir immer wieder die Vortragssituation mit dieser Angst verbinden, dann wird unser Gehirn diese Verknüpfungen speichern und in einer entsprechenden oder vergleichbaren Situation abrufen. Will man diesem eingefahrenen Denk- und Angstmuster entkommen, hilft ein Jetzt-reiß-dich-mal-zusammen nicht, sondern man muss den Dingen auf den Grund gehen und herausfinden, welche Mangelerfahrung dem zugrunde liegt. Um einen eingefahrenen Weg in unserer Emotionswelt wieder auszubessern, braucht es viel Geduld und regelmäßige Übung.

Zurück zur Frau aus dem Norden. Vor Beginn war sie nicht sicher, ob das Seminar für sie das Richtige sei. (Wie sich im Laufe meiner Arbeit herausstellte, ist sie nicht die Einzige unter den Teilnehmern mit diesen anfänglichen Zweifeln.) Sie schrieb mir zunächst eine E-Mail, in der sie um eine genaue Beschreibung des Seminarablaufs bat und wissen wollte, wie viele Teilnehmer noch vor Ort sein würden. Ich schrieb ihr freundlich zurück, dass sie die groben Inhalte des Seminars meiner Website entnehmen und über das zu erwartende Publikum beruhigt sein könnte. Es hätte sich bislang immer aus netten und sehr interessanten Menschen zusammengesetzt. Ms Norden schien daraufhin ihre Zweifel abgelegt zu haben und nahm interessiert an einem Tagesseminar teil. Die Informationen, die sie dort bekam, waren scheinbar so aufschlussreich und vielversprechend, dass sie sich spontan entschloss, das Seminar zu vertiefen und sich zu einem Einzelcoaching anzumelden. In dem Fragebogen, den sie mit ihrer Anmeldung zum Coaching ausfüllte, beschrieb sie sich als humorvollen, liebenswerten Menschen, der aber leider sehr oft wütend werde. Diese emotionalen Ausbrüche möchte sie nicht mehr in ihrem Familien- und Berufskreis ausleben, wünschte sie sich. Zum Schluss äußerte sie noch die Vermutung, seit Jahren an Depressionen zu leiden und nun an einem Punkt angekommen zu sein, den sie als Burn-out beschrieb. Sie habe bereits verschiedene Psychotherapien hinter sich, die aber allesamt die erhoffte Wirkung verfehlt hätten.

In dem Einzelcoaching versuchte ich zunächst, für ihre chronischen Knieschmerzen und ihr regelmäßig erscheinendes Gerstenkorn am rechten Auge eine Ursache zu finden und Verknüpfungen zu ihrem bisherigen Leben unter Einbezug ihrer psychischen Entwicklung herzustellen. Ich stellte ihr emotionale Fragen: Glaubte sie, dass die Beziehung zu ihrem Mann oder ihre Arbeitssituation etwas mit ihren Schmerzen zu tun hatten? War sie mit sich und ihrem Körper zufrieden? Bei der Beschäftigung mit diesen Fragen drangen wir immer weiter zu ihren Kernproblemen vor. Sie spürte nach und nach, dass ihre körperlichen Beschwerden tatsächlich viel mehr mit ihrer Lebenssituation zu tun hatten als mit medizinischen Problemen. So eingestimmt bereitete ich sie auf die emotionale Arbeit vor.

Um mit dem Emotionszentrum zu arbeiten, muss man es zunächst einmal aktivieren. Dazu bieten sich unterschiedliche Vorgehensweisen an. Ich wählte eine weniger konfrontationsreiche Variante, da ich fühlte, dass Ms Norden nah am Wasser gebaut war. Ich ließ sie deshalb keine emotionsgeladenen Situationen aus ihrem eigenen Leben beschreiben, sondern wählte verschiedene allgemeinere emotionale Sätze. Diese projizierte ich mit einem Beamer an die Wand und ließ sie dazu auch noch unterschiedliche Bilder betrachten, die das Emotions- bzw. Angstzentrum aktivierten. Als ich nach wenigen Augenblicken sah, wie ihr die Tränen liefen, begannen wir mit einer Art Meditation. Ich bat sie, in jede Ecke ihres Körpers zu blicken und ihre Emotionen zu spüren. Bald gelangte sie so zu ihrem eigentlichen Lebensthema: zu ihren Ängsten und ihren Selbstzweifeln, die sie an einem glücklichen Leben hinderten. Ich ließ sie beides ganz bewusst spüren, und sie teilte mir mit, wie schmerzhaft und wohltuend zugleich diese Art des Selbstempfindens sei. An diesem Tag kam sie ganz nah an ihre negativen Emotionen heran. Sie schaute nicht weg oder versuchte sie zu unterdrücken. Für einen ersten Moment schloss sie Frieden mit ihnen. Ein Anfang war gemacht. Diese Art der Meditation sollte sie nun die nächsten Wochen regelmäßig selbst üben. Zur Unterstützung gab ich ihr zusätzlich noch eine irrsinnige Meditations-CD mit und entließ sie mit einem positiven Gefühl.

Nach vier Monaten erhielt ich eine E-Mail von der Frau aus dem Norden: »Danke! Ich habe es geschafft, über meinen Schatten zu springen. Ich kann mich mehr annehmen, und auch meine Angriffslust meinen Kollegen gegenüber hat sich aufgelöst, weil ich gemerkt habe, dass sie im Grunde genommen genauso verletzt und unsicher sind, wie ich selbst einst gewesen bin.«

Süden: Eine verspätete Einsicht

Shiva und ich lernten uns über eine sehr spezielle E-Mail, die sie mir geschrieben hatte, und ein verrücktes Blind Date, das wir einige Zeit später vereinbarten, kennen. Shiva ist ein paar Jahre älter als ich, weit gereist, intelligent, reflektiert und besitzt eine große Menschenkenntnis und eine gute Beobachtungsgabe. Nach intensivem und lebhaftem Mail-Austausch buchte ich also einen Flug nach Wien, um sie näher kennenzulernen. Shiva war gerade dabei, ihre sieben Sachen zusammenzupacken, um im Süden Europas ein neues Leben zu beginnen. Sie wollte sich endlich ihren Traum vom Haus am Meer erfüllen. Aber es gab noch einen anderen Grund, weshalb es sie nach Portugal zog. Im letzten Urlaub war ihr ein halb verhungerter Hund zugelaufen. Sie kümmerte sich um ihn und hatte ihn sogar mit nach Wien genommen. Doch in der lärmenden Großstadt fühlte er sich nicht wohl, was Shiva den letzten Anstoß gab, ihren Traum endlich in die Tat umzusetzen.

So ein kompletter Neustart hörte sich bekannt an für mich. »Darin bin ich gut!«, sagte ich zu meiner Freundin und bot spontan an, ihr beim Umzug zu helfen.

Ein paar Tage später saßen wir in Shivas Transporter Richtung Portugal, beladen mit einem ganzen Leben, verpackt in sechzehn Kartons, die mit Büchern, Papieren, Musik, DVDs, Kerzen, Haarshampoo, Kosmetik, Geschirr und Kleidern gefüllt waren. Zusätzlich quetschten wir einen Wäscheständer, zwei Staubsauger (!), eine Nähmaschine, ein vierzehn Jahre altes Fahrrad, meinen Koffer für drei Wochen Urlaub und einen Hundekorb in unser Reisemobil. Zwischen Autodach und Kartons stopfte ich schließlich noch ihre Matratze, was dafür sorgte, dass der Kleintransporter an allen Ecken zu explodieren drohte.

Trotz der Enge war die anfängliche Fahrt sehr angenehm und das Reisetempo aufgrund des Transportgewichtes entspannt. Was einem bei so viel Asphalt alles durch den Kopf geht! Ich brauchte eine Weile, um die Gedanken an zu Hause und meine Arbeit, die nach meinen Urlaub wieder auf mich wartete, loszulassen. Nach ein paar Stunden erfreute ich mich an den Bäumen, den Sträuchern, den Autobahnschildern und dem Hund, der zwar die meiste Zeit schlief, aber wenn er erwachte, seine Nase direkt auf den Lüftungsschacht legte, um die Welt da draußen zu beschnuppern. Wurde ihm das zu unbequem, dann drehte er sich einmal um seine eigene Achse und legte sich quer über den Fahrer. Auch auf den Raststätten hatten wir unseren Spaß. Das lange Sitzen auf den unbequemen Autositzen steckte mir in den Knochen, und so sprintete ich einmal um den ganzen Rastplatz herum. Zum Glück machte der Hund bei meinen Sprints mit, und es sah nicht allzu dämlich aus, wenn ich an den Fenstern, hinter denen reisende Senioren ihr Essen einnahmen, vorbeihuschte.

Gegen vier Uhr morgens, irgendwo zwischen Bilbao und Salamanca, suchten wir uns einen geeigneten Schlafplatz. Als wir in eine Seitenstraße einbogen, bemerkten wir, dass auf dem Parkplatz eines angrenzenden Supermarktes zwei Scheinwerfer angingen und kurz darauf ein Auto direkt auf uns zu raste. Erst kurz vor unserem Transporter kam es zum Stehen und versperrte uns die Weiterfahrt. Alles geschah in Windeseile. Zwei Männer stiegen hastig aus, einer holte vom Rücksitz eine Pump Gun hervor und forderte mich auf, das Fenster herunterzulassen. Ich erklärte den erregten Herren, dass wir weit gereist seien und lediglich einen Schlafplatz suchten. Unbeirrt und nachdrücklich verlangte Mr Pump Gun von mir, den Laderaum unseres Transporters zu öffnen. Als er und sein Kumpel aber unser ganzes Hab und Gut sahen, das eher nach einem Flohmarktbesuch als nach einem Raubüberfall aussah, entspannte sich die Situation sofort. Die beiden Männer empfahlen uns freundlich den Parkplatz des Supermarktes zum Übernachten und teilten uns auch die Öffnungszeiten des Marktes mit, damit wir am nächsten Tag vor der Weiterfahrt dort noch frühstücken konnten. Dann verschwanden sie wieder so schnell, wie sie aufgetaucht waren.

Shiva und ich sahen uns verdutzt an und fragten uns, was das gerade für eine Aktion gewesen sein sollte. Wir waren uns sicher, dass wir es nicht mit Polizisten zu tun hatten, und tippten eher auf Wachmänner einer Sicherheitsfirma.

Für Shiva war die Nacht gelaufen. Sie fühlte sich nicht mehr sicher und wollte diesen Ort so schnell wie möglich wieder verlassen. Ich hingegen empfand die ganze Situation als entspannt und fühlte mich alles andere als bedroht. Mich amüsierte die Tatsache, dass die beiden Gestalten zwar keine handelsüblichen Pistolen besaßen, sich aber über unser Frühstück Gedanken machten. Schließlich fuhren wir doch auf den empfohlenen Parkplatz, um ihn zumindest einmal zu besichtigen. Für ein Hotel war es ohnehin schon zu spät, da wir in ein paar Stunden wieder weiterfahren wollten. Aber wo sollten wir unser Nachlager ausbreiten? Der Transporter war bis obenhin gefüllt, und in der Fahrerkabine war schlichtweg zu wenig Platz. Hinzu kam der Hund, der nicht gerade zu einem angenehmen Schlafklima beigetragen hätte, nachdem er auf den Raststätten die Abfälle verschlungen hatte und nun entsprechende Ausdünstungen von sich gab, die die FCKW-Werte einer Kuh in den Schatten stellten.

So schlug ich Shiva vor, die Matratze aus dem Laderaum zuholen und sie einfach auf das Dach des Transporters zu legen, und schritt auch schon zur Tat. Wobei mir nicht entging, wie Shiva angewidert über den schmutzigen und leicht feuchten Film, der sich auf dem Lack des Kleinbusses gebildet hatte, strich. Als ich dann noch die vakuumierten Bettdecken von hinten herausholte, um es uns warm und gemütlich zu machen, stieg ihre Stimmung auf den Siedepunkt.

»Du kannst die Matratze doch nicht auf das Autodach legen! Sie wird feucht und schmutzig, von den Bettdecken ganz zu schweigen …«, erzürnte sie sich.

Ich blicke sie verständnislos an und konnte es nicht glauben. »Wir sind fast 1500 Kilometer am Stück gefahren, ich schiele schon vor lauter Müdigkeit, mein ganzer Körper schreit nach Schlaf, und du machst dir Gedanken über Nässe und Schmutz?«, erwiderte ich und platzierte die Matratze mit dem Spannbettlaken nach unten auf dem Dach, damit sie nicht schmutzig werden würde. Dann half ich Shiva auf das Dach des Transporters. Wir verkrochen uns unter den Decken und schauten zu den Sternen hinauf. Dieser friedliche Anblick erfüllte meine Seele mit Freude. Ich sah die um uns liegenden Berge, den Sternenhimmel und den Ansatz von Morgenröte, der am Horizont schimmerte. Ich spürte die warme südländische Luft, fühlte, dass das Meer ganz in der Nähe war, und gab mich dieser universellen Energie einfach hin. Zufrieden atmete ich tief in mich hinein, blickte zu Shiva hinüber ... um mir im nächsten Augenblick die Augen zu reiben. Sie weinte! Warum weinte sie?

Ihre Antwort ließ lange auf sich warten, weil sie mit Taschentüchern gegen ihre Tränen ankämpfte. Schließlich begann sie leise und stockend von ihrem Unbehagen zu sprechen. Sie fühlte sich hier nicht sicher, weil die Erinnerung an die bewaffneten Männer noch zu präsent war. Zudem würde ich sie mit meiner Leichtigkeit und meiner Fähigkeit, einfach loslassen zu können, überfordern.

Ihre Worte versetzten mir einen Dämpfer. Wahrscheinlich hatte sie recht. Ich hatte keine Angst und verlangte von ihr die gleiche Gelassenheit. Wenn diese Typen mich hätten umbringen wollen, wäre ich bereit gewesen. Ich bin schon einmal gestorben, und in dieser Zeit habe ich verstanden, dass ich mir mit der Angst vor dem Tod die Qualität des Lebens nehmen lasse. Was ich allerdings immer noch nicht verstehen konnte, war die Sorge um Shivas Matratze und ihr Bettzeug. Die erschien mir einfach lächerlich. Vor dieser Diskussion mit Shiva hätte ich mir sogar Sex auf dem Dach des Transporters vorstellen können, um wirklich ein unvergessliches Erlebnis daraus zu machen.

Am nächsten Tag kamen wir an, erblickten das Meer und atmeten die endlose Weite in uns hinein. Bei diesem friedlichen Anblick fiel alles von uns ab. Fast alles. Irgendetwas fehlte, es war nicht mehr so wie zuvor.

Wir richteten Shivas neue Wohnung ein und genossen

so gut es ging die Zeit miteinander. Es kristallisierte sich aber mehr und mehr heraus, dass Shiva sich nicht nur Gedanken um ihre Matratze machte, sondern dass sie auch sonst noch Ängste plagten. Ich versuchte ihr zu helfen und gab ihr viele Ratschläge. Doch als ich merkte, dass das wenig fruchtete, distanzierte ich mich etwas von ihr.

»Wenn du sowieso schon weißt, dass du nicht mit mir zusammen sein kannst, weil ich noch ein paar Themen in mir zu verarbeiten habe, warum zur Hölle hast du dann noch Sex mit mir?«, platzte es während einer Fahrt vom Strand nach Hause aus Shiva heraus.

Das war eine wirklich gute Frage, über die ich etwas länger nachdenken musste. Schließlich antwortete ich: »Sex ist unsere stärkste Energie. Aus Sex geht Leben hervor. Wie kann man Sex da totschweigen oder Sex nicht ausleben? Miteinander zu schlafen ist etwas ganz Natürliches. Die bessere Frage ist also, warum ich keinen Sex mehr mit dir haben sollte. Wir haben eine tolle Beziehung, und ich bin davon überzeugt, dass, wenn wir nicht miteinander geschlafen hätten, du mich emotional nicht so dicht an dich herangelassen hättest.«

Als ich wieder aus Portugal zurückgekehrt war, brach ich den Kontakt zu Shiva weitestgehend ab, weil ich das Gefühl hatte, dass ich sonst ihre Probleme noch verstärkt hätte. Es vergingen ein paar Monate, in denen wir uns nur sporadisch schrieben. In dieser Zeit hatte ich kein Bedürfnis nach einer anderen Beziehung. Ich vergrub mich in meine Arbeit und erkannte von Monat zu Monat mehr, wie blind und wie egoistisch ich gegenüber Shiva gewesen war.

Ich war so sehr damit beschäftigt, sie auf ihre Fehler hinzuweisen und an ihren Problemen zu feilen, dass ich die Ursache, warum ich so auf ihre Schwäche reagierte, ganz außer Acht ließ. Ich war erfüllt und geblendet von meinen eigenen Überlegungen und Erkenntnissen und hörte auf keinen ihrer Ratschläge für mein Leben – und das, obwohl sie mir diese nur aus Liebe erteilte.

Ein knappes halbes Jahr verging, bis ein Zufall uns zu einem erneuten Treffen zusammenführte. Drei Tage lang sprachen wir uns aus. Ich entschuldigte mich für mein Verhalten. Wir mussten über meine späte Einsicht lachen. Ich hatte es doch tatsächlich drei Wochen lang geschafft, nicht zuzuhören und weitere sechs Monate benötigt, um auf diese Erkenntnis zu stoßen.

Osten: Eine Reise zu sich selbst

Eine Reise wie ein Märchen aus 1001 Nacht beginnt. Zu meinem Pilotprojekt, einer Wanderung in die nordöstliche Saharawüste, hat sich eine bunt gemischte Gruppe angemeldet. Zehn Tage, zehn Charaktere, so unterschiedlich sie nur sein können. Unser Abenteuer steht unter dem Motto: Warum ein 5-Sterne-Hotel, wenn man ein 100 000-Sterne-Zelt haben kann?

Die Menschen, die mit mir den Weg in die Wüste gefunden haben, erzählen mir, dass sie für eine kurze Zeit aus ihrem alltäglichen Trott aussteigen wollen, um sich Zeit für sich zu nehmen. Meine Wegbegleiter wollen aufbrechen, um neu bei sich anzukommen. Dafür hatten sie bislang nie den Mut oder den richtigen Anlass gefunden. Einige von ihnen haben Schwierigkeiten mit ihrer Arbeit oder suchen neue Inspiration, andere quälen Probleme mit ihrem Partner oder der Familie. Wiederum andere erhoffen sich von dieser Wanderung einen Startschuss in ein körperlich und seelisch gesünderes Leben.

Die Wüste wählte mein Bewusstsein als Ziel aus, weil es weit außerhalb der Zivilisation liegt, fernab jeder Erreichbarkeit. Wir alle spüren bereits zu Beginn der Reise, dass dieses Abenteuer nicht nur ein körperliches Aufbrechen sein wird, sondern vor allem das Brechen mit alten Konditionierungen, Ängsten und Normen. Unsere Reise beginnt zwar im Außen. Aber der wahre Aufbruch beginnt im Inneren jedes Einzelnen.

Ausgerüstet nur mit dem Nötigsten fliegen wir von Frankfurt Richtung Quazazarte. Nach unserer Ankunft steigen wir in einen gemütlichen Bus, der uns durch eine uns fremde Landschaft kutschiert. Die erste Nacht verbringen wir in einem kleinen Dorf in einer sogenannten Kasba, einem einfachen Hotel. Orientalische Ornamente, Teppiche und die vom warmen Licht der Kerzen beleuchteten Wände lassen es märchenhaft erscheinen. Auch außerhalb unserer Herberge umgibt uns eine zauberhafte Atmosphäre. Von unseren Gastgebern werden wir herzlich empfangen und mit einem leckeren Essen und Luisatee überrascht. Bei Sonnenaufgang zieht es mich hinaus in das Dorf. Ich sehe barfuß spielende Kinder, die einem selbstgebastelten Ball hinterherjagen, und beobachte die Ältesten des Dorfes, wie sie voller Harmonie irgendwo im Schatten sitzen und nichts tun, außer sich selbst zu genügen. Nach dieser letzten Nacht in einem komfortablen Bett geht es mit dem Bus Richtung Zagora, der Wüste und der damit verbundenen Einsamkeit entgegen. Wir überqueren den Pass Tif-niffit und erfreuen uns auf dem Weg an fruchtbaren Talebenen, Oasen und kleinen heimischen Dörfern. Kurz vor dem Ende der befahrbaren Straßen tauschen wir unsern Bus gegen zwei Geländewagen. Der Fahrer meines Jeeps trägt einen blauen Turban, und alles an ihm strahlt Anmut, innere Tiefe und Würde aus. Die Damen unserer Reisegruppe sind mehr als entzückt von diesem ausgesprochen schönen Mann, und während jede einzelne noch dabei ist, in seinen Augen zu versinken, merken sie gar nicht, dass wir schon im Nirgendwo angekommen sind. In einer Talebene begrüßen wir unseren Dromedarführer samt seinen neun Tieren, die uns auf dem Weg durch die Stein- und Sandwüste begleiten sollen. Es ist bereits später Nachmittag, und die erste Nacht unter freiem Himmel steht uns kurz bevor. Unser Wüstenguide Jérôme erzählt uns, dass der Mond heute Abend um kurz nach zwanzig Uhr aufgehen und alle kommenden Nächte jeweils eine Dreiviertelstunde später zu sehen sein wird. Dieses Spektakel ist nahezu unbeschreiblich. Wir sitzen in einem Kreis auf Matten und beobachten fasziniert, wie das Licht des Mondes hinter dem Berg, vor dem wir unser Lager aufgeschlagen haben, immer näher und näher kommt und uns mit seinem Strahlen und seinem Licht berührt.

Ein Großteil der Gruppe entscheidet aus einem anfänglichen Übermut heraus, unter freiem Himmel zu schlafen. Aus Angst vor dem Unbekannten errichten wir vorsichtshalber aber unsere Schlafplätze direkt nebeneinander und liegen Schlafsack an Schlafsack gepresst. Als ich endlich zur Ruhe gekommen bin, gehen mir noch ein paar lose Gedanken durch den Kopf: von möglichen Gefahren, die solch ein Abenteuer in sich birgt, bis hin zu den Konsequenzen, die diese mit sich bringen könnten. Meine Gedanken kreisen um Skorpione, Spinnen, Schlangen, Sandstürme und, und, und. Bis ich auf einmal merke, dass ich vor lauter Gedanken und Ängsten den gegenwärtigen Augenblick nicht wahrnehmen kann. Um wieder zurück ins Hier und Jetzt zu finden, stelle ich mir vor, wie ich mich in meinem Schlafsack liegen sehe. Alles um mich herum ist ruhig. Ich bin frei, um zu atmen. Ich bin frei, um zu sein. Ich liege auf dem Rücken, blicke nach oben, und mein Atem kommt vor lauter Schönheit und Staunen ins Stocken. Ich will nicht wieder einatmen, denn dieser Augenblick soll ewig währen. Er ist es wert, für ihn zu sterben. Unzählige Sterne zieren den Himmel und offenbaren ein Meer aus Harmonie.

Ich habe bereits viel darüber gelesen, wie das Sternenzelt auf Wüstenbesucher wirken soll. Aber ich konnte mir die damit verbundenen intensiven Emotionen nie so recht vorstellen. Jetzt aber bin ich in ihnen gefangen, in diesen Abermillionen von kleinen Planeten und Sternen. Ich betrachte das Sternenzelt, wie es auf mich niederfällt und mich gleichzeitig in sich aufsaugt. Es umarmt mich mit seinem universellen Mantel und lässt mich seine bedingungslose Liebe spüren. So wenig kann so viel bedeuten. Die Sterne rauben mir nicht nur meinen Atem, sondern auch meine Gedanken. Ich bin angekommen und spüre den perfekten

Augenblick in jeder Faser meines Körpers. Wäre da nicht ein leises Schnarchen neben mir zu hören, würde ich meinen Augen und Ohren erlauben, aufzuhören zu existieren. Denn sie haben das Paradies gefunden.

Am nächsten Morgen erwartet uns ein Frühstück besser als in einem Fünf-Sterne-Hotel: heißer Tee, Brot und frisch zubereitete Pfannkuchen mit Marmelade, Honig und Käse füllen unsere Bäuche. Die Dromedarführer beladen die Lasttiere, und wir ziehen wohlgestärkt unserem ersten Berganstieg entgegen. Nach einer Stunde Wandern genießen wir den Blick über die leere Ferne. Es ist nicht schwer, die Gedanken meiner Mitreisenden zu lesen, als sie schnaubend den letzten Abschnitt bewältigen. Diese Worauf-habe-ich-mich-da-nur-eingelassen-Blicke durchdringen mich. Aber jetzt haben wir keine Zeit, um die Zweifel und Ängste zu klären. Nach einer kurzen Verschnaufpause, in der wir uns mit Wasser und Nüssen stärken, geht es weiter der Steinwüste entgegen. Einige meiner Begleiter staunen bereits am ersten Wandertag über sich selbst, weil das Schauspiel der Natur sie so sehr von ihren sonst so laufunwilligen Körpern ablenkt. Wir laufen, bis die Sonne fast senkrecht über unseren Köpfen steht, und suchen erst zur Mittagszeit Schutz unter ein paar Schatten spendenden Palmen, unter denen wir unser Mittagessen einnehmen. Der Koch zaubert ein köstliches Mahl aus frischem Gemüse, Reis und selbstgebackenem Fladenbrot. Nach dem Essen verbringt jeder seine Zeit nach Belieben. Manch einer nimmt an den ersten tieferen Gesprächen teil, ein anderer füllt sein Tagebuch mit den frischen Erlebnissen und wieder ein anderer frönt seinen aufgewühlten oder stillen

Gedanken oder hält ein Mittagsschläfchen. Nachdem die Sonne schließlich ihre stärksten Strahlen verbraucht hat, brechen wir zur nächsten Etappe auf.

Unser Koch und seine Dromedare, die unsere Rucksäcke tragen, trennen sich von unserer Wandergruppe. Für den Fall, dass ein Laufkranker ein Wüstentaxi in Anspruch nehmen muss, begleiten uns drei Tiere. Der Koch reist mit seiner Mannschaft schon voraus zum Nachtlager, um sich dort um den Aufbau der Zelte und das Essen zu kümmern.

Der zweistündige Marsch verläuft ohne weitere Probleme, und wir erspähen voll freudigem Erstaunen unser Lager. Wir sind umgeben von einer blühenden Oase, die einen kleinen Brunnen wie ihren heimlichen Schatz umsorgt. Als hätten wir in unserem Leben nichts anderes getan, richten wir unsere Schlafplätze ein. Seit der letzen Nacht bin ich mir sicher, dass ich alleine schlafen und den Sternenhimmel ungestört in mich aufsaugen möchte. In der Wüste schläft man nicht einfach. In der Wüste ruht man, ist aufmerksam und atmet mit der Erde. Auch sie schläft nicht, weil sie wie eine junge Mutter über uns wacht. In der Wüste hält die Erde ihre schützende Hand über ihre Schäfchen und streichelt mit magischer Energie über ihre Köpfchen.

Die Wüste schenkt mir die tiefe Gewissheit, dass sie uns all die Dinge bereitstellt, die wir benötigen, um in uns glücklich zu sein. Wir leben und atmen an einem Tag in der Wüste wahrscheinlich mehr als in den vergangenen Wochen, wenn nicht Jahren, die von übermäßiger Arbeit und einem viel zu überfüllten Alltag gezeichnet waren.

Nach drei aufregenden Tagen in der Steinwüste treffen wir auf eine Nomadenfamilie, die uns zu einem traditionellen Tee in ihre Zelte einlädt. Dank der Übersetzung unseres einheimischen Führers gelingt uns ein Gespräch mit ihnen. Wir können nur darüber staunen, wie wenig Hab und Gut diese Menschen benötigen, um glücklich zu sein. Diese Eindrücke hinterlassen Demut in uns, und wir wandern zwei weitere Stunden der Sonne entgegen.

Plötzlich traue ich meinen Augen nicht. Ist das dort drüben eine Fata Morgana, oder sehe ich tatsächlich die ersten großen stillstehenden Wellen der echten Wüste? Ich bin nicht alleine mit meiner Beobachtung und merke, wie alle Wanderschuhe auf einmal das Tempo beschleunigen, um dort anzukommen, wo unsere Augen und Sehnsüchte bereits verweilen. Unsere Füße berühren zunächst noch vorsichtig und respektvoll den ersten Sand. Wir können nur erahnen, welch mühsame Wanderschaft die nächsten Tage auf uns zukommen wird.

Von Tag zu Tag wandern wir tiefer in dieses Dünenmeer hinein, bis es uns gänzlich verschlingt. Es umschließt uns mit seinen gewaltigen Armen und lenkt unsere Blicke schließlich empor zu der höchsten Düne dieser Landschaft. Am Fuße dieser Urgewalt schlagen wir unser Nachtlager auf. Gemeinsam mit den mitgereisten Männern entscheide ich, den Aufstieg auf diese Höhengewalt zu wagen. Über eine Strecke von mehr als einhundert Metern fordert sie unseren ganzen Willen und viel Schweiß. Ich spüre meine brennenden Füße, meine erschöpften Waden und Oberschenkel. Aber das geheime Rennen, das wir wortlos unter uns abgeschlossen haben, will ich um keinen Preis verlieren! Nahezu zeitgleich und völlig außer Atem kommen wir auf der Spitze an und lassen uns erschöpft, doch zufrieden fallen, um den Sonnenuntergang am Horizont zu erwarten. Wir sprechen kein einziges Wort. Erst als der Abstieg beginnt, lassen wir unserer Energie freien Lauf und springen über den Abhang, erfreuen uns an unseren Purzelbäumen und Überschlägen und rasen die letzten Meter quietschend und vor Freude jauchzend die steilen Sandwände hinab.

Es ist so schnell Nacht geworden, dass wir Mühe haben, unser Lager zu finden. Zum Glück halten die anderen mit ihren Stirnlampen Ausschau nach uns. Wir registrieren ihre Signale und stürmen ihnen, die Kälte der Wüste unter unseren nackten Füßen spürend, entgegen. So verbringen wir die Tage und Nächte in der Wüste und erfinden immer wieder neue Herausforderungen, die uns in unserem Tatendrang kitzeln. Nach dem Abendessen erzählen wir uns von unseren Eindrücken und lesen uns gegenseitig etwas vor. Wir lachen zusammen und spüren, wie die Last des Lebens von unseren Schultern fällt. In der Wüste ist man einfach – ohne jemand sein zu müssen! In der Wüste ist man glücklich.

Am letzten Morgen mache ich mich schon sehr früh auf, um das klare Morgenlicht zum Fotografieren zu nutzen. Ich streife durch die Gegend und sehe einen kleinen Grashalm, der aus dem Sand herausragt. Er ist ungefähr zwanzig Zentimeter lang und gibt sich bedenkenlos dem Wind hin. Ich stelle mir vor, wie er mit sich und seiner Umwelt spielt, wie er liebestrunken von einer Seite zur anderen taumelt, wie er sich hingibt ohne Erwartung und ohne Angst. Der Grashalm folgt dem Wind. Hätte er das Bedürfnis, allem standzuhalten, dann müsste er bei stärkerem Wind irgendwann kapitulieren und brechen. Dann trüge der Wind ihn fort in ein anderes Leben, in eine andere Form. Der Grashalm aber ist stärker als jeder Felsen, weil er geschmeidig ist, weil er gelernt hat, sich flexibel an alles, was kommt, anzupassen, ohne dabei sich selbst zu verlieren.

Den Abschlussabend verbringen wir alle zusammen und zünden ein großes Feuer an. Wir singen, trommeln auf Wasserkanistern und tanzen ausgelassen. Der nächste Morgen naht, und uns allen fällt der Abschied aus der Reinheit des Sandes schwer. Wir wandern unserem Treffpunkt entgegen, wo die beiden Geländewagen auf uns warten. Wir hinterlassen wie bei unserer Ankunft nicht mehr als aufgewirbelten Sand. Ich weiß felsen-, nein grashalmfest, dass die Erfahrungen dieser persönlichen Reise auch dann noch Bestand haben werden, wenn der aufgewirbelte Staub sich schon längst wieder gelegt hat. Vielleicht wird jeder von uns ein Sandkorn in seinem Herz tragen, dessen Magie er ein Leben lang spüren wird.

Mein Schlafsack hängt zum Auslüften über dem Balkongeländer. Normalerweise lüftet man Dinge aus, damit ihr schlechter Geruch entweicht und frische Luft an sie herankommt. Heute wünsche ich, diesen Austausch umkehren zu können. Der reiche Wüstenduft soll nicht deshalb entweichen, weil er verbrauchte Luft in sich trägt, sondern damit er die Eindrücke der letzten zehn Wüsten-Tage in die Welt hinaus verströmt. Die Wüste atmet eben anders. Sie paart sich mit dem Wind, der Sonne, den Sternen, dem Mond. Sie ist mit Gedanken und Eindrücken geschwängert, die von Augenblicken erzählen, die so einzigartig, so verspielt und natürlich sind, dass man selbst gar nicht anders kann, als sie anzunehmen. Die Wüste präsentiert uns alles, was wir schon längst in uns tragen: verspielte Täler, ausgetrocknete Seen, fruchtbare Oasen und mächtige Dünen, deren Höhen uns immer weiter zu uns selbst führen.

Ich schüttle meinen Schlafsack ein letztes Mal aus. Ich vermisse den Ort des Duftes, den er mir jetzt nicht mehr preisgeben will. Nichts ist mehr so, wie es vorher war. Meine Wohnung kommt mir überflüssig vor. In der Vergangenheit suchte ich Schutz, Intimität und Abschottung in ihr. Vor was? Vor wem? Wer einmal in der Wüste lag und die Sterne über sich verinnerlichte, der weiß, dass der einzige Schutz, der wirklich existiert, der Schutz des Universums ist.

Westen: Ein deutlicher Warnschuss

Als ich aus der Wüste zurückgekehrt war, veränderte sich meine Sicht der Dinge. Ich war ruhiger und entspannter als früher und beschloss, mein Leben zu verändern. Ich wollte mich nun mehr auf die wesentlichen Dinge konzentrieren und von den oberflächlichen Ablenkungen ablassen. Einen Tag nach meinem Wüstenabenteuer gab ich mein neues Auto, das ich gerade mal tausend Kilometer gefahren hatte, dem Händler mit den Worten zurück, ich sei auf der Suche nach einem Dromedar. Er dachte, ich erlaube mir einen Spaß mit ihm, aber ich meinte es vollkommen ernst. Ich wollte eine autofreie Erfahrung machen und fuhr nun mit dem Fahrrad zur Arbeit, wanderte meinen Zielen entgegen

240

und erreichte entfernte Orte mit öffentlichen Verkehrsmitteln. Nie in meinem ganzen Leben hätte ich mir vorstellen können, jemals freiwillig auf das Auto zu verzichten, wo es doch bisher mein größtes Ego in mir entfachte und befriedigte. Selbst meine Trainingsgruppe startete Wetten gegen mein autofreies Leben. Drei Monate waren das höchste Gebot. Ich nahm mir vor, mindestens neun Monate durchzuhalten. Dies ist nämlich exakt der Zeitpunkt, zu dem meine zweite Wüstenreise endet, der Zeitraum, in dem Kinder den schützenden Bauch verlassen und zu einem neuen Leben heranwachsen. So möchte auch ich in ein neues Leben starten. Vielleicht bleibe ich ja dann dort in der Wüste, oder ich bringe mir ein Dromedar mit nach Hause. Wer weiß das schon?

Ich stellte auch andere Dinge, die mein bisheriges Leben prägten, in Frage. Ich dachte über meinen Job nach, über mein vernachlässigtes Privatleben und über den Ort, an dem ich momentan lebe.

Bereitet mir mein Leben, so wie ich es augenblicklich lebe, Freude? Ist das, was ich tue, gut für mich oder nur gut für andere? Lebe ich bedingungslos, oder arbeite ich nur, um zu leben? Was will ich eigentlich?

»Auf welchem Weg bist du denn gerade?«, fragte ich mich. Wer schreibt mir vor, was ich zu tun habe, wie viel ich zu arbeiten, zu ruhen und zu tanzen habe? Ich beobachtete auch an den Menschen in meinem Umfeld, dass sie zu viel studieren, zu viel arbeiten, sich dabei selbst verlieren und gar keine Möglichkeit haben, sich wirklich zu finden!

Ich stellte mir vor, wie es unserem Dromedarführer ergehen würde, wenn er acht Stunden hinter einem Schreib-

241

tisch sitzen und Papierberge bewältigen müsste, statt auf den sandigen Dünen zu wandern.

Ich kam zu dem Schluss, dass ich verlernt hatte zu leben und dass ich stattdessen eigentlich immer arbeitete. Als mein Körper spürte, dass ich recht hatte, sendete er mir ein weiteres Signal.

Eines Abends lag ich nach einem mit Arbeit gepflasterten Tag in meinem Bett und las ein Buch. Mir fiel ein, dass ich vergessen hatte, eine wichtige E-Mail zu schreiben. Also griff ich nach meinem Laptop und tippte zwischen Bett und Fußboden noch schnell ein paar Zeilen. Dann drehte ich mich auf den Rücken und versuchte, mich zu entspannen. Plötzlich bemerkte ich, wie mein rechter Arm einschlief. Binnen weniger Minuten war meine komplette rechte Körperhälfte taub, sogar meine Wange und meine Lippen fühlten sich pelzig an. Ich konnte zwar alle Körperteile noch bewegen, aber wirklich wohl war mir nicht zumute. Als ich aufstehen und mir einen Schluck Wasser zu trinken holen wollte, bemerkte ich, dass mein Gleichgewichtssinn nicht in Ordnung war, und ein seltsamer Druck mein Gehirn belagerte. Etwas beunruhigt griff ich zum Telefon und rief eine Freundin an. Ich beobachtete mich dabei, wie ich die Worte in meinem Gehirn formulierte, sie aber ganz anders aus meinem Mund kamen, als ich sie mir zurechtgelegt hatte. Ich hörte, wie ich lallte und meine Sprache nicht unter Kontrolle hatte. Sofort bemerkte meine Freundin, dass etwas mit mir nicht in Ordnung zu sein schien.

»Du rufst besser den Krankenwagen!«, vernahm ich eine besorgte Stimme vom anderen Ende der Leitung und wählte darauf sofort die Notrufnummer.

»Mein Gehirn funktioniert nicht so gut«, murmelte ich in den Hörer und versuchte der Frau vom Notdienst zu erklären, dass ich Hilfe benötigte. Zehn Minuten später traf der Notarzt bei mir ein. Ich hatte immer noch Gleichgewichtsprobleme, und auch die übrige Symptomatik bestand weiterhin. Der Notarzt begann, mit mir verschiedene Tests durchzugehen. Finger auf die Nase. Finger auf die Nase mit geschlossenen Augen. Arzt umarmen. Ich weigerte mich zuerst und sagte scherzhaft, dass ich auf den Trick nicht reinfiele, drückte aber dann so fest ich konnte. Mit leichter Pressatmung bat der Arzt mich, ihn wieder loszulassen: »Alles in Ordnung mit Ihren Kräften. Ihr Kopf gefällt mir allerdings noch nicht. Das pelzige Gefühl sollten wir vorsichtshalber genauer untersuchen. Wir nehmen Sie mit in die Schlaganfall-Abteilung.«

»Schlaganfall?«, wiederholte ich irritiert. Ich hatte aber keine andere Wahl und stieg in den Krankenwagen.

Im Krankenhaus angekommen, durchleuchteten Ärzte und Schwestern meinen Schädel. »Wir können nichts finden. Dennoch möchten wir Sie drei Tage zur Beobachtung hier behalten«, fassten sie das Ergebnis ihrer Untersuchungen zusammen.

Selbst heute noch muss ich an meine gefühlten tausend Termine denken, die ich in dieser Woche absagen musste. Ich drückte meiner Freundin und ihrem Freund, die ins Krankenhaus geeilt waren, noch schnell einen Zettel mit einigen E-Mail-Kontakten in die Hand und bat sie darum, sich um alles Weitere zu kümmern.

Als mein Kopf nach einer Stunde wieder klarer wurde und das pelzige Gefühl verschwunden war, setzte ich mich hinaus in den Krankenhausflur. Es war mittlerweile weit nach drei Uhr morgens. Aber etwa eine Million Gedanken ließen mich nicht schlafen. Was sollte mir dieser Vorfall zeigen?

Am darauffolgenden Tag kam der Oberarzt mit einer ersten Diagnose durch die Tür geschritten: »Wir wissen nach wie vor nicht, was Sie letzte Nacht befallen hat, und schwanken zwischen einem leichten Schlaganfall und einer Migräne mit Aura.«

»Bitte was? Migräne ist mir durchaus bekannt. Aber was bitte ist eine Migräne mit Aura? Zwar bin ich schon lange auf der Reise zu mir und weiß, dass sich bei einer Erleuchtung auch die Aura verändert. Aber vermutlich sprechen Sie von etwas anderem!«

Nach unserem Gespräch machte ich mich an die Recherche. Alles passte zusammen, und wieder durfte ich ein Puzzleteil in meinem Leben neu zusammensetzen. Ich war überarbeitet, gestresst und bekam nun ein Signal gesendet. Allerdings hatte ich in der Nacht nicht das Gefühl, dass mich etwas Lebensbedrohliches heimsuchte, obwohl die Symptome einem Schlaganfall glichen. Hildegard von Bingen oder Picasso hatten diese Erscheinungen ebenfalls. Sie benutzten diese veränderte Sicht dazu, mehr über sich zu erfahren und die Welt aus einem anderen Blickwinkel zu beobachten, um somit etwas an die Menschen zurückzugeben. Eine Sicht der Dinge, die in jedem von uns schlummert, sonst wären wir zum Beispiel nicht imstande, die Werke von Picasso zu verstehen.

Nach zwei Tagen entließ mich der Oberarzt vorzeitig, weil ich den Werten nach kerngesund war und mich vielleicht schon etwas zu angeregt mit den Krankenschwestern unterhalten hatte.

Trotzdem ließ mich dieses Ereignis nicht los. Warum habe ich diesen Warnschuss bekommen? In Wirklichkeit war mir die Antwort schon Tage zuvor bekannt gewesen. Ich arbeitete zu viel, hatte zu viel Stress, umsorgte meinen Körper zu wenig und hatte nun die Quittung dafür erhalten.

Von nun an wollte ich mich nicht mehr von meinen Ängsten leiten lassen und schon gar nicht mehr danach leben. Ich selbst bin jetzt bereit, meine Wohnung aufzugeben und ohne sicheres Einkommen zu leben, wenn ich nur in Harmonie mit mir sein kann. Die Wüste lehrte mich, dass ich auch ohne all diesen materiellen Schnickschnack existieren und Liebe schenken und empfangen kann. Brauche ich denn noch mehr?

Treffpunkt Mitte: Die Liebe ist in mir

In Wahrheit schafft nur der Teufel Klarheit,
wenn er Hand in Hand mit dem Engel verschmilzt,
und aus ihrem Einswerden ein Gesang ehrenhafter Einigkeit entsteht.

Ich sehe zwei Welten, zwei Leben, die in dem endlosen Universum der besonderen Energie und des puren Seins existieren. Sie nähern sich einander an, weil sie sich nicht gegen ihre Anziehungskraft wehren können, weil sie sich ihrer nicht erwehren wollen. Sie nähren sich vom Saft des anderen. Sie stärken sich an seinen Schwächen und verwandeln ihre Schwäche in Stärke und ihre Stärke in Schwäche. Sie bringen Gleichgewicht und Frieden. Sie gehören zusammen, weil sie schon immer vereint waren. Sie sind Engel und Teufel, die sich die Hand reichen, die eins werden und die in der letztendlichen Einigkeit des anderen versinken und am Ende in sich selbst verschwinden.

In jedem Engel steckt ein Teufel, und in jedem Teufel wohnt ein Engel. Das ist unser Gleichgewicht, die Verschmelzen unserer Gegensätze. Das Feuer, das durch Vereinigung entsteht, das alles erwärmt, verbrennt und schließlich Neues erschafft. Das Eindringen in die Tiefe der tiefsten Tiefe. Das Fliegen zu der Höhe der höchsten Höhe. Sie beide ziehen sich an, umkreisen sich dann, um nicht voreilig aufeinanderzustoßen und gegeneinander zu explodieren. Das Spiel der Gegensätze unterstreichen sie durch ihre Farbenvielfalt. Licht und Schatten in immer schneller rhythmisierenden Intervallen verfallen ihren Energien.

Ist es nicht das, was wir verspüren, wenn die Liebe uns erwischt, beim Herzen packt und uns so lange durchschüttelt, bis wir nicht mehr wissen, wer wir sind? Ist es nicht genau dieser einzigartige Zustand, der uns unseren Verstand raubt und ungeahnte Kräfte in uns freisetzt?

Ich nehme eine Feder auf, halte sie sanft zwischen meinen Fingern, betrachte sie, fühle ihre weiche Oberfläche, rieche an ihr und bekomme eine Vorstellung davon, wie die Freiheit der Liebe duftet. Wind kommt auf. Ich lasse sie los, folge ihr mit meinem Blick und sehe, wie sie dahinschwebt und ihr Spiel mit dem Wind treibt, zur Höhe fliegt und zur Tiefe niedersinkt und immer in Bewegung und

Veränderung bleibt. Meine Liebe zu ihr ist in mir, ob sie nun in meinen Fingern verweilt oder dem geheimnisvollen Nordwind folgt. Die Liebe ist in mir. Die Liebe ist in uns.

Es ist die Liebe, die uns am Leben hält. Es ist die Liebe, für die wir zu sterben bereit sind. Auf die Liebe in uns.

Cool down (and love again)

Ich sitze auf einer Terrasse und betrachte eine Buddha-Statue. Ursprünglich war sie mit einer Lackschicht versehen, die den Buddha schöner und wertvoller machen sollte. Buddha selbst wusste es aber besser und entblätterte sich über die Jahre. Und so sitzt er mir heute gegenüber – befreit von seiner Schutzschicht – friedlich und in Harmonie mit allem, das um ihn herum geschieht.

Warum legen wir Menschen uns Schutzschichten zu? Wovor sollen sie uns bewahren? Vor dem Tod? Dabei ist unser Ende immer auch ein Anfang, und unser Anfang trägt zwingend ein Ende in sich. Beide zusammen ergeben erst unser Ganzes.

Mein Buch könnte auch »Mann-Frau-Mensch« heißen. Denn ich wollte weg von Klischees, die sich manchmal wie Schichten um uns legen, wollte hin zu einer Ganzheit, die den Menschen ausmacht. Lange Zeit habe ich mich mit der Frage beschäftigt, ob wir überhaupt monogeschlechtlich sein können, wenn wir doch von Mann und Frau gezeugt wurden? Ich bin zu dem Schluss gekommen, dass sowohl das Weibliche als auch das Männliche ganz natürlich in uns vorhanden ist und wir allem, was in uns ist, Raum geben sollten. Am Ende ist jeder auf der Suche nach sich selbst. Überall dort, wo unser Horizont an ein angebliches Ende gelangt, da lohnt es sich genauer hinzusehen, ob sich dahinter nicht vielleicht eine Welt offenbart, die wir uns insgeheim wünschen und erträumen.

Ich danke allen Menschen, die ich auf meiner Reise befragen durfte, die mir zuhörten und die mir ihre Energie, ihre Liebe, aber auch ihre Zweifel und Ängste offenbarten. Ich durfte von euch lernen und jeden von euch ein Stück begleiten – ganz gleich ob Mann oder Frau. Lasst uns weiter einander helfen und lieben und so eine neue Welt erschaffen.

In Verbundenheit und Liebe

Euer Balian

Balian Buschbaum
Blaue Augen bleiben blau
Mein Leben
Band 18558

»Mein Leben ist glücklich und erfolgreich, bis auf die Tatsache, dass ich im falschen Körper wohne.« Mit diesen Worten kündigt die erfolgreiche Stabhochspringerin Yvonne Buschbaum ihre bevorstehende Geschlechtsumwandlung an. Für Balian, wie er sich fortan nennt, ist das der letzte konsequente Schritt auf dem Weg zu seiner wahren Identität, für den er sogar die Olympia-Teilnahme opfert. Einfühlsam und mitreißend schreibt er von seinem Leben als Mann in einem Frauenkörper und seiner Befreiung daraus. Wie kein anderer hat Balian Buschbaum erfahren, wie Frauen und Männern denken und fühlen und was sie unterscheidet.

»Mal nachdenklich bis philosophisch,
mal lustig bis entwaffnend direkt.«
Die Welt

Fischer Taschenbuch Verlag

Voller magischer Momente für Leser

Buchbewertungen und Buchtipps von leidenschaftlichen Lesern, täglich neue Aktionen und inspirierende Gespräche mit Autoren und anderen Buchfreunden machen Lovelybooks.de zum größten Treffpunkt für Leser im Internet.

LOVELYBOOKS.de
weil wir gute Bücher lieben